U0909793

财经易文

www.ewinbook.com

逆向管理

[美] 沃尔夫·林克 著
王采欣 译

Don't Oil the Squeaky Wheel

中国财政经济出版社

图书在版编目(CIP)数据

逆向管理/(美)林克著;王采欣译. —北京:中国财政经济出版社,2005.5
书名原文:Don't Oil the Squeaky Wheel
ISBN 7-5005-8013-4

Ⅰ.逆… Ⅱ.①林… ②王… Ⅲ.企业领导学
Ⅳ.F272.91

中国版本图书馆 CIP 数据核字(2005)第017883号
著作权合同登记号:图字 01-2004-5781 号

Wolf J. Rinke
Don't Oil the Squeaky Wheel
ISBN 0-07-142993-X

中国财政经济出版社 出版

URL: http://www.cfeph.com.cn
E-mail: webmaster@ewinbook.com

社址:北京海淀区阜成路甲 28 号 邮政编码:100036
发行电话:010-88191017
北京中租胶印厂印刷 各地新华书店经销
787×1092 毫米 16 开 16 印张 166 千字
2005 年 3 月第 1 版 2005 年 5 月北京第 1 次印刷
定价:39.80 元
ISBN 7-5005-8013-4/F·7017
(图书出现印装问题,本社负责调换)

逆 向 管 理

目　　录

名家赞语

本书将告诉你如何才能在这个混乱的年代里赢得“领导”这场游戏。

——J. W. 马里奥特二世（J. W. Marriott Jr.）
马里奥特国际有限公司（Marriott International, Inc.）董事长兼主席

本书深具激励作用和启发性——它将我们带回起点——提醒所有的读者，真正的成功只有通过员工的努力才有可能实现。

——卡罗·威尔斯（Carol Wilson）
德国SAP信息部总监

这是一本容易阅读而且有趣的好书，可以为如何成为一个更好的商场领导者带来很多有力的建议。林克博士以深入浅出的方式介绍他的思想——将沃尔夫的方法付诸实践，会为你的事业带来革命性的改变。

——叶斯普·穆勒（Jesper Moeller）
丹麦ISS A/S外部事务与人力资源部门执行副总

沃尔夫·林克知道如何让你在享受趣味阅读的同时，获得提高领导能力技巧的珍贵工具和资源。

——托马斯·L. 菲利浦（Thomas L. Phillips）

菲利浦国际公司（Phillips International, Inc.）董事长兼主席

在下属身上看不到你所要的结果吗？本书可以节省你很多的时间、金钱和不必要的火气！

——黛安娜·布赫（Diana Booher）

《自信演说》（*Speak with Confidence*）等畅销书作者

划时代！本书将汤姆·彼得斯（Tom Peters）和史蒂芬·柯维（Stephen Covey）的智慧和启发性合而为一，是一本必读的好书。我计划把这本书送给我的经理，一人一本！

——马克·文果夫（Mark Vengroff）

文果夫·威廉斯关系企业

（Vengroff, Williams & Associates, Inc.）执行官

这是一本真正激励人心的好书，不但独具一格，而且充满力量。任何想要成为一个具有高效能的领袖的人，都应该仔细阅读它。

——乔·拜特恩（Joe Batten）

CPAE名人堂讲者、乔·巴顿公司（Joe Batten Associates）主席、

《坚毅管理》（*Tough-Minded Management*）作者

本书就像一个超级工具箱，让你的企业变得更有创业和授权

精神，让每一个成员都拥有采取行动的权力。

——古登·波尔诺（Gudrun Bjorno）

丹麦ISS/AS教育企业副主席

沃尔夫·林克再度出击！这个21世纪的传奇人物这次提供了更多智慧。想要知道如何领导百种人的超级领袖吗？阅读林克博士的书将能增进你的领导能力。

——彼德·彼得森（Pete Peterson）

约翰·霍普金斯大学（John Hopkins University）客座教授

沃尔夫·林克是少数能将枯燥的管理和领导科学变得如此有用和充满趣味性的人士之一。

——戈登·彼得斯（Gordon Peters）

管理学机构（The Institute for Management Studies）创办主席兼执行官

本书阅读起来轻松有趣，提供了世界级的领导策略，帮你在日趋激烈的全球经济中获得成功。

——马蒂·摩伦斯（Marti Morenings）

全球企业（Universal Companies，Inc.）执行官

打破20个阻碍组织更上一层楼的领导困惑。

——迈克·戈尔兹（Michael Golz）

美国SAP信息科技部副主席

在行动当中瞄准重点，猛力出击，将能让你领导团队走向巅

峰。

——杜孟朵·古孟森（Dudmundur Gudmundsson）

冰岛 ISS 总经理

沃尔夫·林克拥有一项天赋，就是让我们以前所未有的方式审视自己如何领导、如何建立组织文化。同时他也为我们提供了工具，让我们将以上两者革新。

——丹·科恩（Dan Cohen）

AquaGuard 总裁

推荐序

王刊良

管理作为一门学科产生于西方，我国高等教育中的管理学内容大多是舶来品。上个世纪以来，随着对社会生产实践深入的分析、观察和总结提炼，以分析哲学和理性思维为主要特征的西方学术界逐渐提炼出了系统的管理学思想和方法论，形成了管理科学的学科体系。上世纪 90 年代中，笔者有幸赴加拿大进修，商学院博士生告诉我，博士论文选题按方法论划分为两种，一种是以数学导向的，另一种是以行为导向的，而且后者更多一些。因此，管理学吸收了来自社会学、心理学和经济学的精粹，基于行为科学的管理学成为管理学之显学，主要内容包括组织理论、组织行为、人力资源管理、战略管理等。显然，以人为对象的管理是管理学的基础。

其实，管理作为一项社会实践活动从远古时代就开始了。中国五千年悠久历史和文化积淀形成了浩若烟海的关于人和人的行为的思考，围绕着“格物致知，修身齐家，治国平天下”的人生成长路径，提炼出了许多为人处世的真知灼见。因此，在学习和探讨西方的心理学、管理学、经济学等知识领域时，我们时常感到，其中的大量理性思考和原理，往往可以在中国文化和历史经验中找到影子。例如《论语》有“子贡赎人，子路拯溺”的讨论，孔子评论说：“子路拯溺而受牛谢，鲁国必好救人于患也；子贡赎人儿不受金于府，鲁国不复赎人矣。子路受而劝德，子贡让而止善。”（见南怀瑾《历史的经验》）这可以说是“激励”政策的最好案例，也可以说是对人性的最好诠释。清末有识之士就提出“中学为体，西学为用”，现在，我们太多地崇尚西学，对中国历史上的先进管理思想缺乏总结、提炼、应用和开发。

《逆向管理》一书用大量生动有趣的例子，总结提炼出了许多管理组织和人的原则、经验和教训，是经理们和未来的管理者在管理人方面的一本很好的指南。这些例子虽然发生在西方市场经济社会中，但是在处于转型经济中的中国也时有发生。例如，第 5 章“宁愿当个饱满的稻穗”中讲述的作者和太太不愉快的购车经历，告诫我们“骄傲之人通常是犯错误最多的人”，并细致分析了其中的道理；在第 16 章里，通过在艾伦贝尔的经历，作者揭示出简单的命令和控制与管理的宗旨相去甚远；在第 15 章，作者还讨论了奖励和惩罚宜采用的原则：私底下惩罚，公开奖励，这个原则与我国古人讲“明规暗惩”的说法不谋而合。

本书不仅告诉我们应该做哪些事，而且告诉我们如何去做。例如，第 11 章提供了如何落实企业哲学的 9 个步骤。“不要为嘎吱作响的轮子上油”（第 14 章）告诉我们，不要把过多的精力浪费在那些捣蛋分子身上，要在为公司尽力的这些人身上多花一些精力。第 15 章“别以为薪水万能”提供了进行奖励的 13 条规则，使用这些规则可以产生良好的效果。在第 18 章“裁员不是办法”中，作者提供了不用裁员也能增加获利的 7 大妙方、5 个

“小”裁员的方法和避免未来裁员的4种方法。这些方法十分有效，且易于操作和实践。凡此种种，都闪烁着管理学上的经验与智慧，值得当今中国的管理人士学习与借鉴。

本书归纳的原则明了、实用。例如，四类最难搞的领导人、人类趋力的五个定律、失败领导者的五个习惯（特别是他们建立“顺我者昌、逆我者亡”的企业文化给我印象很深）等都可以成为一面镜子，既可以照自己，也可以照别人。事实上，本书旨在教你精通20个逆向思考的领导策略，让你能够成为一个更有效率的领导人。

本书提供的原则来自于大量的研究和实践。例如PES和NES来自宾州大学Marty Saligman教授的研究（第3章）、6种不同的领导风格来自Hay/McBer顾问公司的研究（第4章）；在两种管理方法（KITA和KID，第9章）当中，KITA是相当普遍的（Hudson Institute and Walker Information of Indianapolis的研究调查），也会产生严重后果的（Princeton大学两位教授对Bridgestone一家工厂的研究）。

“理论是灰色的、实践之树常青”，希望读者能从本书的阅读中得到愉悦，体验出人类管理实践中总结出的智慧，并在实践中自觉地灵活运用。正如本书第1章讲述的要旨“学而时习之”，否则的话，“知识就不是力量”。

（本序言的作者为西安交通大学管理学院教授、博士生导师、副院长）

1

知识不是力量

天才就如暴风雨，逆风而行。

——克尔凯廓尔（Soren Aabye Kierkegaard）

1
知识不是力量

知识就是力量。你们有多少人相信这句话？这是我常常问听众的一个问题。你猜结果怎样？所有的人都举手（我打赌你也相信，对吧?），但是我不信！我现在就告诉你原因。在我过去合作过的领导人和经理人当中，很多都知道如何领导别人。他们所掌握领导知识之丰富总是让我吃惊，有些人知道得比我还多。他们可以把所有的知识全部兜在一起。虽然他们讲出来的道理都很生动，但是当我从顾问和指导员的角度看他们实际执行时，就会发现他们做出来的和脑子里知道的并不一致。他们是根据习惯来行动，一般来说，就是用以前管用的方法来做。问题是——这还要我说吗？——我们现在身处在超高速的全球经济之下，以前管用的方法，今天不一定会带来正面的结果。这就是我写这本书的原因。因为我要打破你原本根深蒂固的世界观——你对于领导能力世界的观点——那些过去管用的方法，需要被重新审视，重新评估，甚至——在最危险的情况下，重新改变。

残酷的事实摆在眼前：你知道的事情的确很多，而且你现在还正准备从这本书上再学一套最尖端的策略——这些东西真的很好，有可能会改变你的领导方式，效果立竿见影。但是除非你实际去运用这些刚刚从书上看来的东西，并且将它们发展成一套新的、有力的新习惯模式，不然他们对你一点好处都没有（你一定很熟悉这样一句话：如果你一直做一样的事，你就会一直得到一样的东西。如果你不做任何改变就想得到不一样的东西，那么你就是疯了）。看吧，你“知道”什么并不会让结果有什么不同；是你“做”了些什么，而且一次又一次地运用所学的知识，直到把它转变成条件反射般的动作，才会有所不同。而且这种事不会因为你读了这本书就自然而然地发生（你把全世界减肥的书都看完也减不了1磅）。

最近我听到一个很好的例子，是我的一个指导对象华特告诉我的。故事发生在华特的一个小学同学身上，他在初学游泳的时候就迫不及待地站上了跳水板，毫不迟疑地往泳池纵身一跳。那一跳看起来真的很猛，不过当他一碰到水，这位同学立刻开始挣扎，到最后还得出动救生员把他救上来。回到更衣室，华特问他到底是怎么回事。“我也不知道，”他说。“事实上，我也是刚刚才明白。我整个冬天都在看有关如何游泳的书，但是当我一碰到水，我想那些东西一点用都没有。”

好啦，悲观的你，已经听到自己心中的疑问：如果这本书上写的东西没用怎么办？如果失败怎么办？如果它反而让你失败怎么办？首先，且让我在这里果断地告诉你：世界上没有失败；只有结果。如果你采用书上的方法，但是没有带来预期的效果，再试一遍。如果这件事情对你很重要，再试一遍。如果这件事对你真的非常重要，试到第七遍（很多事情的发生都是随机事件，而且跟其他干扰没有任何关系，尤其你是在一个由人组成的组织里工作，而人本身就是难以预料的）。如果还是不管用，到这里你也学到了一些以前不知道的东西——我不认为这个叫做失败。从另一个角度来看，如果真的成功了，你就挖到宝了——你找到了一个可以提升表现力、生产力，甚至让你的组织获利更高的新策略。这里的关键不是知识，而是实际去做，去亲身体验，让自己觉得不自在——喔，虽然这样想好像有点恐怖。

因为实际执行是如此重要，本书在理论方面着墨甚少，大部分的焦点都放在行动上。我甚至在大部分章节最后提供实行起来简易明确的管理小措施，让你可以现学现卖，立即达到显著的效果。

放轻松

喔，还有一件事：我要你在阅读这本书的过程中觉得很开心。为什么？因为——这点很重要，记下来——心里开心，做事才有劲。但是你会抗议："我们还有很多事要做，没这个时间开心。"那么你最好再好好想想。一份40多年前所做、刊载在《哈佛商业评论》（*Harvard Business Review*）上的研究显示，幽默诙谐的主管——你要有心理准备——"拿的奖金比较多，绩效评估也比较好。"为什么？因为"高明的幽默感可以降低敌意，避免批评，舒缓紧张气氛，振奋士气，并且有助于传达困难的信息。"所以不要再把自己和工作弄得那么僵，放轻松。最好的方法之一就是对自己笑。为了怕你觉得这点很难做到，我特别在每一个章节提供一个机会，让你"微笑"（记住，你不需要特地去练习身上所有的发笑细胞，只要练习那些你想留住的就行了）。

所以现在请你准备好，让我们一起开始一次充满发现、学习、挫折和欢笑的旅程，建立强而有力的新习惯模式。

博君一笑

请大家好好利用这个“新”发明。书是一项革命性的新科技。它无线、无电路，甚至没有记忆体，它不需要外来的电源，操作上也不用显示器、键盘和鼠标，它不用插入任何东西，也没有开关，使用简单，连5岁小孩都会用，它的体积小，携带方便，设备齐全，而且哪里都可以用——在浴室里，在床上，甚至可以窝在火炉旁那张你最喜欢的椅子上。

这个划时代的科技产品是由编有号码的纸张所组成，每一页都有大量的资讯。这些页面是由一种称为装订的独特技术生产，确保页面能正确排序。双面技术（Double-sided technology，DST）的运用，让制造商得以利用纸张的两面，使资讯密度增加，产品重量减轻，并且将成本最小化，甚至比在一家不贵的餐厅吃顿晚饭还要便宜。最棒的是，制造商还可以无限制地增加资讯密度，只要增加更多页就行了。

书不需要特殊的储存装置，绝不感染病毒。它绝不死机，不用重新开机，而且随时随地都能用，只要打开就好。使用者以眼睛浏览页面，并且直接将资讯下载到他们的“硬盘”里。要通过书作业，使用者只需动一根手指翻页就行了。浏览的特性让读者可以从一页立刻跳到下一页，甚至快转和倒转。一些高价位模组还附赠一个叫做索引的选择性装置，让读者可以立刻找到特定资讯的所在地。如果有干扰，使用者只需要把书关上。如果有书签这个选择性装置，使用者还可以在刚刚停下来一模一样的地方重新开始使用。如果使用者是极简主义者，也可以使用一种叫做

“折角”的技术达到一样的结果。

书没有保存期限，并且可以在没有界面或特殊技术装置下，和其他单元一起储存。

另外一个特色就是，使用者可以将书个性化，方法就是通过一个叫做可携式注记加强书写工具，在空白处记下笔记。最棒的是，书可以和不受数量限制的使用者分享，并且不需额外付费。另外，书可以百分之百回收再利用，就算是最激进的环保人士也一定会喜欢。

管理小措施

- 不要再讲“对，但是……”我一天到晚听到这种说法：“这个很有意思，但是……”试着避免说出这种会扼杀创意的句子，比如“这个对我来讲不适合”或是“这个就理论来讲都行得通，但是……”每次你一讲出“对，但是……”这种句子，就是在帮自己找退路。还记得老板上次称赞你的工作表现时是怎么说的吗？“你准时完成方案，我觉得很好，但是……”没错，你根本不会听到他称赞你的部分，因为你听到的全部都是“但是”后面的内容（这也是你老板帮自己找的退路；“但是”后面的内容才是重点，其他的只是要缓冲他的批评而已）。所以，以后不要再讲“但是”这两个字——懂了吗？——就这么做。
- 练习，练习，再练习！不断重复练习新技巧，一直到它成为你的新习惯为止（你已经知道为什么要这么做了）。把你的小组成员、你的老板、你的狗、任何和你平常有频繁接触的人当成你练习的“实验室”。一直练习并且尝试你的新技巧，看看结果如何。

⊙ 去做就对了。不要对自己说“这个我早就知道了”或是“我以前就听过了”。你或许已经知道了，但是你有没有去做？如果我们提到人类行为，其实已经没什么新鲜事，但是当你把新知识加以转换，进而改变你的行为，这个对你来说就新鲜了。结果是很神奇的！

⊙ 不要浪费你的精力。你的脑子每十亿分之一秒只能有一个想法，它可以是很正面，增进你领导技巧的想法；可以是很中性，让你保持现状的想法；或者也可以是一个很负面的想法，剥夺你成为一个高效率、反传统领导人的能力。噢，看到这里，你也不要浪费任何一丝的脑力，试着证明我其实不是什么都知道——我是不知道！

⊙ 自私一点。把对你有效的方法，分享给你的组员、老板、顾客、你关心的人，以及任何可能从中受益的人。当你在教他们的时候，你会把你的新知识下载到你的“硬盘”里，而且一辈子跟着你。这个才叫做自私！

⊙ 请微笑。更有甚者：让自己笑！你一旦习惯这么做，就会发现自己已经朝向一个高效率、反传统的领袖之路前进。

2

别把房子盖在流沙上

领导能力和个人魅力不同——那可能只是能言善辩而已。领导能力也不是“和人做朋友，影响别人”——那只是讨好别人而已。所谓领导能力，是能够将一个人的视野提升到更高的高度，使之工作表现提升，并且建立超越自我的人格。

——彼德·F. 德鲁克（Peter. F. Drucker）

谈到管理和领导能力，这个世界上并没有“一枪毙命”的绝招。只要看看那些管理相关理论就知道了。不管是目标管理（management by objectives，MBO）、参与式管理（participative management，PM）、全面质量管理（total quality management，TQM）、小型化（downsizing）、适型化（rightsizing）、企业再造（reengineering），还是最新的六西格玛（Six Sigma），其实都是一样的。纳瑞亚（Nahria）教授和研究团队就曾经针对那些管理理论的真正有用性做过研究，结果发现“大部分我们所学的管理工具和理论，和杰出的企业表现没有直接的关系。”根据我从客户身上学到的经验，我发现这些沟通斡旋的结果之所以令人失望，有两个主要的原因：

第一，就像我在另一本书《赢家管理：6个建立高效能团队的万全策略》（*Winning Management*：6 *Fail-Safe Strategies for Building High-Performance Organizations*）所提，原因出在经理人没有建立一个稳固的基础。这样说好了，你想要盖一栋梦想中的房子，所以你什么东西都买最好的——最好的木料、最好的砖头、最好的天花板……然后你开始盖房子，但是却盖在流沙上面。这样会持久吗？你买最好的东西有意义吗？当然没有！不过这却是大部分经理人打造企业组织的方法。他们什么都买最好的，至少是最新的，然后在基础尚未稳固之下就开始动手。他们自己都还没有想清楚，没有改变自己的基本信念（尤其是和人有关的时候），没有清楚定义企业的核心价值和哲学，也没有改变企业文化。结果就像盖在流沙上的梦幻房屋一样，整个管理模式可能管用一阵子，但是之后就会分崩离析，甚至支离破碎。这么做不仅没办法建构一个高效能的团队，员工还会觉得自己被利用，甚至被压榨；他们会变得愤世嫉俗，并且增强心中的抵制情绪，让自己冷眼旁观。结果就是企业表现和生产力下降，而心存排斥的员工则会大玩“表面功夫”，并且加强自我保护，好在下一波所谓的管理“解决方案”当中全身而退。

管理模式在美国失败的第二个原因，就是因为这些经理人都太没有耐心了（我这样讲已经算保守了）。他们不是今天要看到成果，而是昨天就要看到。这会让我想到一个30年来天天狂吃的人，有一天站上体重计一量发现：“我很肥！”之后立刻开始寻找神奇的减肥方法，找到一个就立刻尝试。如果30天后没有见效，这个方法就是“不好的”，接着又开始寻找下一个神奇的方法，全部从头再来。你要在体重上达到长期性的效果，惟一的方法就是改变你的行为。就像很多心理专业人员所说，改变行为需要时间——而且是很长的时间。实行新的管理模式一次要改变很多人的行为，这就会花上更长的时间——至少3～7年（没错，再看一遍）！当然，在改变的期间仍然会有很多“新”的流行玩意儿冒出来，让经理人忍不住往下跳。毕竟当你所有的同事，甚至对手都开始进行“最热门”的管理模式时，要坚持以前“过时”的模式的确是非常困难。

简而言之，我要说的重点是——注意听好，因为这是重点中的重点——任何一种管理或领导模式都可以成功，只要你建立一个稳固的基础，只要你有这个胆量可以长期坚持下去。

下一个问题就是：我应该坚持什么？这个问题的答案——至少就打造你的企业而言——就是回归基本。一份费时超过10年、调查了200多个运用在160家公司的管理方式的大型研究结果，正和这个答案互相呼应。主持研究的纳瑞亚和研究团队发现，那些在所属产业里傲视群雄的企业——他们称之为“赢家”——都非常彻底地执行4个最基本，听起来可能不是很“感性”的管理方式：

主要方式1：策略。根据和员工、顾客及股东的沟通一致确认的市场需求，并且实行一个清楚而重点集中的策略。

主要方式2：执行。百分之百地投入，并且在高度纪律之下执行。

主要方式3：文化。建立并且维持一个高效能基础的文化伦理。

主要方式4：架构。设计并且维持一个平坦的、有弹性、速度快的组织架构。

此外，研究人员还发现，这些胜出的公司除了实施上述的4个基本策略之外，还加入以下的次要策略。但令人惊讶的是，不管其中哪两项中选，结果都没错，执行超过3个，竞争力也不会比较强。所以你可以任选以下2项开始行动。

次要方式1：人才。积极延揽并且留住人才。

次要方式2：**创新**。开发足以让公司改头换面的新产品和服务，进行内部提升。

次要方式3：**领导能力**。寻找并且培养具超凡人际技巧、市场敏锐度及有能力解决问题的领导人才。

次要方式4：**企业合并与企业伙伴关系**。进行小型企业合并，建立伙伴关系支援核心产业，由此获得辅助性的成长。

这份研究有力的地方就在于：一家公司如果持续采用这个"4+2"方程式，就有超过90%的机会可以维持高水平的企业表现。既然如此你还在等什么！赶快开始练习下面的管理小措施，增加你在绩效和生产力上突飞猛进的机会。

☺ 博君一笑

我们认真进行训练……但是好像每次我们开始组成小组的时候，我们就会被改组……后来我学会了一件事，就是我们似乎倾向于用改组来面对任何一种新局面。这是一个让人觉得有效的完美方法，然而在产生这种错觉的同时，却也同时产生混淆、低效率、低士气（请注意这句话的年代）。

——佩特罗尼乌斯（Petronius Arbiter，公元1世纪）

管理小措施

⊙ 使用任何一种新的领导或管理模式，至少坚持3年。

⊙ 从这个月开始，根据客户需求制定一个商业策略，并把焦点放在公司最核心的生意上。

⊙ 积极地和员工、客户、股东沟通公司的策略。

⊙ 把所有的决策往下推至最基层，让你的团队成员得以反馈顾客的需求。

⊙ 设定一个目标，设法排除所有形式的浪费，并且让生产力在每一季达到5%的增长，直到你成为业界最具竞争力的公司。

⊙ 少说多做。

⊙ 如果有疑问，选对的事情做（详情稍后会有进一步讨论）。

⊙ 建立一个奖励系统，将外部及内部的奖励和工作表现相连接（第7章对此有更详细的内容）。

⊙ 在接下来3个月的时间内，进行1次员工满意度调查，并且针对调查结果展开行动。之后1年至少进行1次。如果你需要协助，可以向盖洛普（Gallup Organization）咨询。该公司拥有非常好的员工满意度调查，里面只有12个问题，也就是外界所熟知的Q12。

⊙ 利用接下来用12个月的时间减少公司的管理阶层，使从最前线的员工到高阶领导人之间不超过5个阶层。

3

“自私”未必是坏事

没有人能控制那些无法自我控制的人。

——威廉·潘恩（William Penn）

"你好，我是凯文，我需要大家喜欢我。"以下要讲的是一位我所辅导的经理人的故事。这个故事生动而确切地告诉你为什么要自私一点，第一个原因就是你想要成为一个高效率的逆向思维领导人。

凯文是一家公司的创办人和董事长。这家公司从一开始的一无所有，在短短 18 年间快速扩张到营业额 2 亿美金，员工人数 160 人的规模。因为成长过于快速，凯文觉得需要成立一个由 5 位经理人组成的管理团队帮他管理公司，让公司更上一层楼。但是不知道为什么，这些新经理人都无法符合凯文的期望。他们不是攻击性太强，就是速度太慢，依赖心太重，或是工作不够努力——总之缺点讲不完。结果管理团队不再怀抱希望，心怀不满，士气低落，而凯文也想不通他们的问题在哪里。我在那时获邀担任顾问，希望通过我的参与帮他们理出一个头绪。我很快就发现问题不是出在管理团队的身上——的确，经理人当中并不是每个人都胜任——但是最大的问题出在凯文身上。凯文对自己没有信心，因此当他面对一些困难的抉择时，他不想做出令人讨厌的决定。这样的结果，就让他的管理团队无法令人信服——因为你没办法说出无法做到的承诺，及无法做出一些不受欢迎，但对公司成长来说必要的决策（比如说，新来的经理人当中有 2 个的确不适用，另外还有一些帮助创建公司的元老级员工，其实已经因为公司快速扩张而不再适用，必须离开)。这个“想要讨人喜欢”的心态，让凯文无法做出对公司来说正确的决定。所有的事情——你可以想像——就是从这里开始走下坡。

这个故事告诉我们：如果你想要成为逆向思维的领袖，你就必须要自私一点，先处理第一要务。以这个例子来说，凯文得先找出他的问题所在，更喜欢自己一点，不要那么在意别人的想法(如果你是凯文，就要记得你的目标是受人尊敬，不一定是被人喜欢，因为身为一个领导人必须要做出很多有效率，但也许不受某些人欢迎的决策)。换句话说，你在要求并且帮助别人成为很好的部下之前，自己得先把事情看清楚。你的成功与否，有85%取决于这些跟着你走的人。所以我们先来看看，要当一个高效率的逆向思维领导人，必须要培养出哪些特定的、基本的习惯（注意：这些习惯也会帮助你成为更高效率的另一半、父母、情人等，所以要注意看。最好是现在就开始练习)。

认识自己

这个议题打从远古时代就已经存在。但是不可否认，自知自觉对领导能力的重要性是毋庸置疑的，如果没有它，其他的技巧也不会对你有多大用处。不幸的是，要为自己的感受和情绪培养出敏锐的洞察力是非常困难的。毕竟我们为自己打造了一个自己想要的“现实世界”，任何和现实世界不符的东西，我们都把它当成一个例外或是威胁。换句话说，我们只看自己想看的，只听自己想听的，即便这对我们来说不好或是没有用也是一样。一个高效率的逆向思维的领导人应该能够敏锐地洞察自己的感受和情绪、长处和弱点，并且能够调整这些情绪，以非防卫性、有建设性的方式来处理。他们随时随地都知道自己的心情和情绪会对别人造成什么影响（如果想进一步了解并且提高这个难以捉摸的技巧，请阅读《人生赢家》（*Make it a winning life: Success Strategies for life, love and business*）。

掌控情绪主导权

调整自己的情绪是一件很困难的事，当然，要掌控情绪的主导权更是难上加难（那个员工一点用都没有。那个顾客很讨厌。公司的财政主管让我真的很火大……还要继续举例吗?）如果你不握有情绪的主导权，那么什么事都不会改变——没错，我是认真的——什么事都不会改变！如果你要为公司里大大小小的事情负责，你就得选择一个比较有建设性的情绪反应。如果你可以控制自己，就表示你已经有能力以正面且有建设性的方法，通过“重新思考法”及时移去让你走下坡的“启动装置”，处理一个领导人所面对的高低起伏——尤其是低潮。一个不谙此道的领导人，会常常感到沮丧、忧虑，而且感觉上好像一天到晚都有无法超越的障碍和压力。另一方面，那些知道如何调整情绪的领导人也会有低潮的时候，但是他们就是能把注意力放在正面的事情上，进而很快地恢复过来。宾州大学教授马帝·赛里曼（Marty Seligman）曾经做过一项研究，显示培养正面表达作风（positive explanatory style，PES）的重要性。相对于负面解释作风（negative explanatory style, NES)，那些具备正面解释作风的人可以培养出一种从坏事里找出好事的独特能力，由此重新思考所面对的挫败和悲剧。

在我的“增进你的个人效率”研讨会当中，我都会要求参加者想像一个例子：有一个人在开车上班的途中，汽车挡板被碰凹了一小块。接下来一整天他都在办公室里哀嚎：“我可怜的爱车被刮惨了，那些人是怎样啊？他们是怎么考到驾照的？”（我想你已经抓到我的意思了，特别是如果你跟这种人一起工作过的话）。集中你所有的精力往坏处想——这就是所谓的负面解释作风。没错，如果你很专心去想，的确会想到很多很糟的事（你有没有发现那些很会抱怨的人，总有很多事情可以抱怨？甚至让人觉得连上帝都在帮他想：“我应该把这个问题丢给谁好呢？就给约翰好了，反正他一天到晚都在抱怨。”）

那么具有正面解释作风的人会怎么做呢？比如一个人在上班途中发生了严重的意外，车子不仅翻了，而且还全毁。虽然差点送命，他还是打了辆出租车到公司上班。在告诉你早上的意外之后，他说：“我实在太幸运了。反正我早就想换一辆新车。”这就是 PES 类型的人。

如果想要有效地调整自己，请练习以下的管理小措施：

- 把注意力放在好的事情上。你会发现更多你想要的东西。
- 重新思考不愉快的经验。根据重组方式的不同，你对于所有的经验会有全新不同的体验（就像一幅画，换了框看起来就不一样）。
- 从坏事里找出好事。请参见上述故事。

- 调整那些会让你感觉不好的“启动装置”。把他们关掉，或是用那些会让你感觉良好的启动装置取而代之。
- 帮助那些状况比你更糟的人。如果你顺利地成为逆向思维领导人，这可能就是你要做的事。

自我激发

2002年冬季奥运会女子溜冰金牌得主莎拉·休斯（Sarah Hughes），是将这个习惯发挥到极致的最佳例证。逼自己做不想做的事（从6岁开始，每天早上5点起床练习溜冰），并且不去做你想做的事情（要苦尽才能甘来，还要压抑冲动），就是你要成为金牌得主，或是一名卓越逆向思维领导人所要付出的代价。此外，如果你看过莎拉在决赛时的表现，你就会知道她也非常善于掌握第3个成功要素——让自己进入一个专心致志、排除外界干扰的区域或是境界，脑中想的只有手边要完成的任务（“我只是上场享受而已。”这是莎拉在近乎完美的表演之后所说的话。这样的态度将可以让你进行有效率的领导）。结合这3个技巧，不论在工作上还是在家里，你都会是第1名。

以下是如何快速养成这3个习惯的方法：

- 把成功当成惯例，失败当成例外。
- 做你不想做的事。在做想做的事情之前，请三思。
- 追求你的热情，不是你的酬劳。
- 笑口常开，而且频率要比你想像的更高——尤其对自己笑。

- 提醒自己，心中的感受是自己的选择。不要把这个机会给别人。

设身处地

这个习惯通常也被称为协调，建立亲和力，或是体贴细心，其实就是要察觉别人的情绪反应，并且做出适当的回应。这包括能够察觉你的团队成员语言及非语言背后代表的心情、情绪及感受，并且依此修正你的做事方法。这是一种是否能够关怀别人的能力——不是虚情假意，而是真正设身处地，站在别人的角度看事情。

以下是如何更进一步养成这个习惯的方法：

- 练习积极聆听。一旦精通此道，你就会发现自己不仅可以听到对方说的话，更可以“听到”那些没有讲出来的弦外之音。
- 实境测试（Reality test），又称为镜射（mirroring）。把你听到的话用自己的语法再说一遍，不仅要去理解字面上的意思，更要去抓住随着言语附带的情绪。比如说：“你的意思是你不喜欢我和你有不同意见，因为这会让你觉得不高兴。”（这是控制愤怒情绪非常有用的一个技巧。一定要在家练习）。
- 精通回音术。所谓的回音术就是把团队成员的话重复一遍，然后在句子最后加上一个问号。例如团队成员跟你说：“你要把我逼疯了。”你就说：“把你逼疯?”

- 利用开放式问题，尽量挖出别人的心里话。
- 只要和团队成员有互动，就要想像他们的头上写了一排字：“请让我觉得自己很重要。”并且照做。

培养超凡的领袖魅力

社交能力、沟通技巧及领袖魅力，就是让你能够有效沟通协调，减少冲突，以及团队成员建立稳固关系的能力。也就是说，你若有本事把之前提到的所有习惯通通结合起来，就能像世界级水准的交响乐团一样，让你的团队成员接受你，甚至无条件地喜欢你。

以下就是培养超凡领袖魅力的5个管理小措施：

- 接受团队成员原本的面貌，而不是他们应该具有的面貌。
- 在团队成员做对事情的时候发现并且告诉他们。
- 不要把成员的弱点看得太重（我们都有弱点，不是吗?）
- 用你的正面情绪感染你的团队成员（你要有什么样的感觉是你自己的选择。请选择正面的情绪）。
- 付出的比想要的更多（再念一遍，并且现在就开始练习）。

当你的团队成员跟你说：“我最喜欢和你一起工作时的自己”，你就知道自己已经培养出超凡的领导魅力了。

要诚实

世界通信（WorldCom）、泰科（Tyco）、环球电信（Global Crossing）、安德森（Anderson）、安然（Anron）——我还需要举更多例子吗？如果你正沾沾自喜，觉得自己和这种事情无关，那么最好先照照镜子看看自己。无数的研究显示，只要是人就多多少少会说谎。我们在履历表上吹牛，捏造自己的成就，夸大不实，甚至到了不合逻辑的地步。只要说谎，信任就荡然无存，没有信任，你就无法执行思考性的领导能力。你可以说我古板，但是我认为说谎没有任何意义。我甚至认为，夸大事实也是没有任何好处的。如果你真的做了，那么你以后讲话都要用“头”讲——因为你每讲一句话，都要回头去想有没有和你的谎言相违背。你或许会说我们当然记得自己说过什么谎，但事实是大部分的人连车钥匙放哪里都记不住。只有养成说真话的习惯——尤其为了你自己——你才能够“话由心发”，而这会让你感到自由自在。此外，这也会提升你的领导技巧——因为人都是跟随他们所信任的人——让你不管做什么，都可以事半功倍。这还可以搞好你的人际关系，而且最重要的是，你会因此喜欢并且尊敬自己——这也是成为一个高效率、逆向思维领导人的基石。

放下自我

因为放不下自我而毁掉的公司，比因为其他任何情绪而毁掉的公司都多（见上一段一开始所列出的清单）。我想这是因为自我及随之而来的贪婪和嫉妒，是摧毁人际关系最恐怖的武器。回顾历史，你就会发现这些情绪是造成狂人政治（想想拿破仑、斯卡林和希特勒）及企业破产（想想安然、安德森，还有世界通信）的原因，破坏力之强，超过人类任何其他的情绪。虽然如此，只要利用以下强而有力的5句话，你还是可以摆脱自我，了无顾忌地说出心里话。这5句话分别是：

- **你说得对**。任何时候只要有冲突，说出这句话，冲突就会消失无踪——我向你保证（光是这个策略，你买书的钱就已经回本了）！
- **我犯了一个错**。这句话给了你一个优雅地走下台阶的机会。只要是人都会犯错——既然你和所有的人一样并不完美，我想你也不例外。身为一个领导人，并不代表你就因此无所不能。这种无所不能的力量全宇宙只有一个——而那个人不是你。
- **我改变主意了**。有句话说：女人比男人脑筋更清楚，因为她们常常改变主意（好啦，又是刻板印象）。你是一个不断在进化的人类，就像一瓶红酒一样，随着时间过去而越发香醇——这代表你必须舍弃一些过去的信仰。
- **我不知道**。承认吧，你不是什么事情都知道，这会让你的团队知道你有很强的自信。因为只有对自己有信心的人，才会承认他们不是什么都知道。
- **让我们彼此接受不同意见的事实**。当以上所有的句子都不管用时，这句话就能派上用场。这句话在和那些团体里真正的重要人物过招时尤其好用——那些不按牌理出牌、逆向思维的人。

博君一笑

早上还没到上班时间，电话响了。因为我是全公司最早到的，于是就接了起来。对方打来询问和有关会计的事情，我回答说现在还没有到上班时间，不过我看看是否能帮得上忙。

“你的职位是什么?”对方问。

“我是董事长。”我说。

对方沉默了一会儿，接着开口说：“我等一下再打好了。我得跟一个真正能搞清楚情况的人说话。”

管理小措施

⊙ 把这一章的内容再读一遍，里面充满了管理小措施。照做准没错!

4

别把自己当成牧羊人

事情是要管的，人是要领导的。

——葛瑞斯·莫瑞·哈波上将

(Admiral Grace Murray Hopper)

大部分的人都渴望有人领导自己，但却不喜欢被人管。他们想要上班，把事情做好。最好的情况是，他们可以参与一个非常值得参与的事件，成为制胜团队的一分子，喜欢团队的上司，相对地也很喜欢和上司一起工作时的自己，那么他们可以说是置身在工作天堂了。这本书放在领导上的重点多于管理，说得更清楚一点，本书其实是在教你精通20个逆向思维的领导策略，让你能够成为一个更有效率的领导人。如果你想知道管理与逆向思维领导的不同，请参考表4－1。

表4－1　经理人 v. s. 逆向思维领导人（CLs）

经 理 人	逆向思维领导人
依赖“经过测试、安全无误”的方法	以逆向思维方式大胆尝试
维持现状	不断发展
控制	信任
指挥	启发
管理	创新
策略驱动	哲学驱动
依赖职位赋予的权力	授权
重视组织架构／系统	重视人
处理错综复杂的事务	拥抱改变
焦点放在企业利润	焦点放在员工和顾客满意度
把事情做好	把应该做的事情做好

这样看来，什么才是你的世界观，什么才是你做事的“准则”（paradigm）呢？“准则”这个词是从古希腊语来的，指的就是“你如何处理周遭的人事物的方法”。想清楚知道你在逆向思维领导人当中已经达到什么样的阶段，请完成以下4－2的自我评估表。

表4－2　逆向思维领导人自我评分表（CLSI）

利用以下的评估表，根据自己对于表中句子的同意程度，圈选字母下面的数字。

SD＝非常不同意；D＝不同意；N＝中立；A＝同意；SA＝非常同意

圈选时请先不要管数字所代表的意义。

（此评分表中所指的团队，是指和你一起工作或是向你报告的人。）

	SD	D	N	A	SA
1. 我会经常性地质疑每一件事情。	1	2	3	4	5
2. 我很习惯授权给别人。	1	2	3	4	5
3. 当我必须选择照顾自己或是照顾团队成员时，我把我的团队放在优先位置。	5	4	3	2	1
4. 我会确定我的团队工作时是否愉快。	1	2	3	4	5
5. 当事情出错时，我习惯承担责任。	1	2	3	4	5
6. 我会利用组织的使命、愿景和中心价值 来“控制”团队成员的行为。	1	2	3	4	5
7. 我觉得只要竞争最后可以获胜，中间过程其实并不重要。	5	4	3	2	1
8. 我会鼓励团队成员打破惯例。	1	2	3	4	5
9. 我习惯以令人产生“渴望”而非“恐惧”的方式来激励我的团队。	1	2	3	4	5
10. 我向来都是把员工当成同志般对待。	1	2	3	4	5
11. 我习惯把注意力放在企业利润上。	5	4	3	2	1
12. 巨细靡遗的目标和目的，是驱动公司往前走的动力。	5	4	3	2	1
13. 我无时无刻都相信我的员工和客户。	1	2	3	4	5
14. 有表现就有奖励。我把这个定为组织的规矩。	1	2	3	4	5
15. 我相信加薪会让表现达到巅峰。	5	4	3	2	1

（续　表）

	SD	D	N	A	SA
16. 与指派人来做方案相比，我比较喜欢征求自愿者。	1	2	3	4	5
17. 顾客满意度是企业成功与否最重要的关键。	5	4	3	2	1
18. 组织精简是提升获利的最好方法。	5	4	3	2	1
19. 我工作一半以上的时间都是用来处理紧急状况及迫切的需求。	5	4	3	2	1
20. 我觉得自己要完全投入奉献给公司才能够出头。	5	4	3	2	1
总分	—	—	—	—	—
全部总计________________					

计分说明：

请将圈选的分数相加填在总分的空白处，之后将所有分数相加，得到全部总计的分数。

你的得分代表以下意义：

95~100：哇！你真令我惊讶！看来你已经知道如何当一个 CL 了。既然所有的 CL 都是求知若渴，活到老，学到老，我想你一定等不及要学更多关于 CL 的秘诀了。

85~94：太好了！你拥有坚实的 CL 根基让你进一步发展。

75~84：非常好。你的方向是对的，而且你将会从这本书上学到很多强力的新策略。

65~74：很好。但是你可以更好。不过你自己知道得很清楚，不然你为什么会来读这本书。

<65：还可以。但是你连自己领导潜力的边缘都还没碰上。这令人期待，因为你可以从这本书上得到让人难以想像的价值。所以请准备好，集中精力好好学习和运用吧。

还不错吧！但是到底有什么样的领导策略可以让我有更好地测验结果呢？很高兴你会这样问，因为《EQ》（*Emotional Intelligence*）的作者丹尼尔·高曼（Daniel Goleman）的研究成果告诉了我们一个更清楚的答案。来自黑麦伯顾问公司（Hay/McBer）的高曼跟一群研究员，从世界各地 2 万名主管里随机选出了 3871 个案例做研究，然后发现大部分有效领导团队的主管，会随着事情的状况和他们想要达到的目标，从 6 个截然不同的领导风格中

选出一种来带领他们的团队。

这个研究显示出6种领导风格和每一种机构特定的氛围组成之间的关系（也就是每一种机构的工作气氛）。研究人员发现，那些做事风格对整个工作气氛有正面影响的领导者，会为公司带来戏剧性的收益。顺便一提，工作气氛在领导者所希望达到的成果列表当中名列第3（另外2个分别是经济条件和竞争的动力。）

以下就是这6种不同的领导风格，它们对工作氛围、文化的影响力以及在什么样的情况下，它们可以为你带来最好的结果：

1. **强制型**。这种领导者要求员工立即服从——“听我的，要不就喝西北风”！这种风格很可能会毁掉你工作的气氛，也很可能会毁掉你自己。但是在紧急情况，想要逆转情势，或是面对一个问题员工时，它却很有用。这种领导风格会为整个组织带来最负面的影响。无论如何都要设法避免。
2. **先驱型**。这种领导者为员工的表现设定了极高的标准——有时会带点崇古抑今的意味。虽然这种领导者通常会是大家行为的典范，但同时还是个气氛杀手。只有在一个自我鞭策力极强，能力高人一等，又十分了解老板风格的工作团队里，这种风格才会成功。否则他们很快就会被吓到，然后放弃，因为他们觉得自己根本不可能达到老板不实际的标准。这种领导风格和强制型的领导风格一样，会为组织带来同样负面的影响。应尽量少用。
3. **教练型**。这种领导者着重在“让人成长”。教练型的领导是伟大的沟通者，也愿意容忍短期的错误，只要这些错误能让员工进而达到长期的发展就好。当你愿意帮助员工增强他们的工作表现，为他们未来的实力着想时，最好使用这种方法。这种领导风格和民主型一样可以为组织带来正面的工作气氛。当你的员工有学习的兴趣，有被教导的意愿时，你就可以用这种方式来领导他们。

4. **民主型**。这种类型的领导者会在参与的过程中让大家获得共识。如果你想让你的员工听你那一套，彼此之间有共识，或是尽情发表他们的意见的时候，这种领导方式可以建立你和员工之间的信任、尊重，也能达到最好的效果。如果处理得当的话，这种风格跟教练型一样可以让组织得到正面的影响。如果你有足够的时间，员工有一定的知识水平时，就可以用民主型的方法来领导他们。

5. **同事型**。这类型的领导者喜欢创造工作时和睦的气氛，和员工建立情感。他们看重和员工之间的情感交流，重视机构里的“人”这个要素。如果你想要激励员工，特别是在他们压力很大的情况下，或是你想要建立一个和谐的团队，增进彼此之间的沟通，激励大家的士气，挽回彼此之间的不信任时，用这种方法最有效。这种领导方式比教练型和民主型更能为团队带来正面的影响。基本上来说，这种领导方式并不会带来什么负面的影响，对一般的情况而言最有用。所以说，如果你有点不太知道要怎么领导你的团队时，就可以用同事型。

6. **权威型**。这种类型的领导者可以激励员工出乎意料地投入工作，带给员工一个美好的愿景。只要员工是照着他所指的方向前进，这种愿景型的领导会给员工很大的创新空间，而且他会先计算好大家可能需要承担的风险。当整个团队势必要改变大方向，或是员工在找一个新的出路时，这种领导方式最有效。但是如果员工比老板知道得更多，更有经验，或是老板的主导性过了头的时候，这种领导方式很可能会失败。只要你很小心地运用这种方式来领导，权威型的领导可以为组织带来最正面的影响。如果你对未来方向有很清楚的见解，你可以巧妙地让员工听你那一套的时候，你就可以用权威型来领导员工。

让我们回到原本的问题——什么样的领导风格可以为你带来最好的效果？这个问题的回答就是——像我们刚刚已经学过的东西一样——你的领导方式要随着情势发展而改变。高曼的研究指出，只要一个领导者可以精通4种或4种以上的领导风格——尤其是权威型、同事型、民主型和教练型，或者根据情势发展，不着痕迹地从某一种领导风格转变成另外一种，他们就可以对整个组织的工作气氛带来最正面的影响，也可以最有效地让员工达到最好的工作表现。但是，如果你无法运用这4种领导风格，或不确定该用哪一种的时候，就用同事型吧！因为它能让你不淌浑水，又能达到你想要的效果。

领导风格不一的代价

珍娜获聘担任一家小型但是成长快速的利基型邮购公司的业务助理。这家公司由总裁大卫所带领，他热情，亲切，是同事型的领导人。大卫在8年前从父亲那里接手这家公司，一手把原本不值一提的业绩，提升到现在年营业额2000万美元的傲人成绩。他工作非常拼命——1星期工作70个小时是家常便饭——而他属下的70名员工非常喜欢他，尊重他，甚至有点敬畏他。在把公司成功发展到如此规模之际，大卫觉得有必要雇用一名业务副总裁，帮他实现领导团队制定的“超大综合目标”（humongous over-arching goal，HOG）：10年内达到营业额2亿美元。为了实现HOG，大卫非常仰赖珍娜，而她要负责的就是实现这个充满野心的销售目标，并且还要改造公司的业务部门，让该部门从现在主要的“内在”营销方式——也就是寄目录订单等——转而成为“外在”模式——由高绩效专业销售员组成基本骨干，让他们和客户联系，并且主动创造业绩。珍娜无疑是接下这个重任的惟一人选，因为大卫在她担任他姐姐公司的业务经理时就已经认识她，而这家公司刚刚被卖掉。珍娜看来似乎是帮助公司达到HOG目标的最佳人选。她非常专注，很会说话，而且看来非常符合大卫一手创建的积极的公司文化。在上任之后，珍娜卷起袖子开始重组公司的业务部门。她为外在销售设立了计划蓝图，重新安排业务部门实际的办公格局，并且改变了销售团队的酬劳系统。她同时向内在销售经理提姆表示，她期待他好好整顿员工，“因为你过去那一套显然不管用。”珍娜要求提姆开始监听业务员的电话。在此同时，珍娜还把许多精力放在员工做错的事情上，并且用各种方法——秘密地，攻击性地或是公开地让他们知道自己的错误。3个星期不到，珍娜和提姆就爆发了第一次口角，并且开始有第一名业务员离开公司。9个月之后，提姆也递上了辞呈——“我没办法跟一个一天到晚贬低我，告诉我哪里做错的人一起工作。

这让我觉得非常难过。我甚至开始得胃病，严重到要去看医生，医生说我得了胃溃疡。”提姆这么说。除了提姆之外，24 名业务员当中走了 5 个，来自四面八方的抱怨声也接踵而至，甚至连顾客和业务部以外的部门也不例外。这是让大卫痛定思痛，跟珍娜说再见的时候了。大卫最后的结论是，珍娜强制型的领导风格与组织文化完全不符，这是他与珍娜共事时完全看不出来的。而要留住她所要付出的人才流失代价——即便她所执行的系统和构想方向看来是正确的——实在是太惨痛了。

☺ 博君一笑

琳达在公司里除了处理常规工作之外，还负责训练员工在一家中型公司所必须具备的衣着规定和礼仪。有一天当她走进电梯时，另一名穿着牛仔裤和高尔夫球衫，看起来非常休闲的员工也跟着进了电梯。身负教导衣着礼仪重责的大任，琳达开骂了：“你今天穿的有点休闲喔?”那个人说话了：“这就是自己开公司的好处。”

管理小措施

⊙ 根据状况的不同而改变你的领导风格。利用接下来6个月的时间，参加领导训练课程，让自己精通权威型、同事型、民主型及教练型的领导风格。之后养成习惯，根据特定状况采用能带来最佳效果的领导风格。

⊙ 如果不是很确定如何领导，就采用同事型的领导风格。如果你无法精通权威型、民主型和教练型的领导风格，就采用同事型。这种风格很有可能会带来你想要的结果。

⊙ 确认领导文化的一致性。当你要雇用一名新经理时，利用情境式的问题，可能的话最好用标准的评估工具来评估未来的领导风格。我个人很喜欢用的工具之一是领导人行为问卷（Leader Behavior Questionnaire）。然后要确定这名经理人的领导风格和你的企业文化相符。

⊙ 只要是雇用新人，一定要进行多次面试。研究结果显示得非常清楚，当你只有一个人进行面试，你请到最好的人的几率是50%，原因在于我们都只会听到和看到自己想听和想看的。除此之外，我们也会倾向雇用一个和我们最相近的人（这不是一个好的策略——你干嘛请一个跟你一模一样的人?）要增加几率只有一个方法，就是利用多次面试，让每一个面试人员问同样的问题，之后打分数，整理摘要，选出最高分的3位候选人再进行下一次面试。

5

宁愿当个饱满的稻穗

最傲慢自大的人，通常也是犯错最多的人，因为他们不愿也没有深思熟虑就妄下定论，失去了不让自己犯下荒唐错误的机会。

——大卫·休谟（David Hume）

骄傲——那种拍胸脯自认最棒，什么答案都有，而且自认聪明到不可能会犯错的骄傲——是低效率领导人的特征。我从著名的美式足球教练路·霍兹（Lou Holtz）身上学到一件事：当一个队伍赢球时，获胜队伍的教练会把所有的荣耀归功在队员的身上；但是当球队输球时，教练就要承担起所有的责难。

要评估一个领导人的人际技巧好还是坏，最好的方法就是看他如何处理功与过。那些脑筋清楚的人都知道，犯了错要找台阶下，而且还要下得很漂亮，实际上是不可能的。他们也会善加运用先行播种，团队灌溉的力量。当种子长成果实，高效率逆向思维的领导人会让自己的团队成员看起来像英雄一样，尤其让他们在同事之间，最好在领导面前看起来像英雄一样。当然，这是个让你的团队对你付出111%的方法之一。至于那些人际技巧不佳，凡事争功诿过的领导人，自然也就想不透为何自己的团队士气低落，效率不佳。这里其实有个小秘诀——注意听好，我可不想让你的对手听到：如果你一直把荣誉归给别人，就长期来看，这些荣誉最后通通会回到你的身上。到那个时候，你根本不需要再卖力地拍胸脯自吹自擂，因为那时候你已经成为公司的总裁了。

不愉快的购车之行

接下来我要和各位分享一个因为骄傲而付出代价的例子。记得当初克莱斯勒（Chrysler）刚刚推出 PT Cruiser 的时候，我和“女超人”——和我结婚 35 年的太太玛希拉——一起去看车。我们当时打算买辆新车来替换玛希拉的 1984 年买的宾士轿车。那辆车虽然开了 18 万里，但车上的配件几乎都在——包括减震器、排气系统等——其实车子本身好得很（不过如果说到品质，那就是另当别论了）。无论如何，玛希拉还是想要买一辆新车，也想找一辆在雪地和冰霜上行驶比较安全的车。

为了更了解市场行情，我们在一家克莱斯勒车行前停了下来，去看看最热门的 PT Cruiser。这家车行有两辆新车放在展示场，这让我们很兴奋，因为我们之前去的几家都只有照片。当我们在展示场看车的时候，第一件事就是彻底被忽略（我到现在都还无法想像，为何市场上真正的客户服务竟然如此缺乏，尤其在汽车零售业。顺便一提，我想这大概是为什么汽车广告做得那么多的主要原因。他们得一直吸引新的客户，因为他们到现在还搞不懂如何建立老顾客的忠诚度）。

因为车子是锁住的，我们走进展示厅向销售人员要钥匙。那些业务员还是继续跟顾客玩“大家装忙”的游戏，所以我们自己走向第一个销售柜台。那里有一个业务员正在——你猜对了——没做什么事。“我们想看一看 PT Cruiser。”我说。“那里就是。”这个不怎么友善的业务员指着展示厅前面这么说。我告诉他我们已经看过了，但是我们想要开一下，至少坐在里面感觉一下。“不行。”他挺着胸膛傲慢地说。我不信，问他为什么。“因为这是客人要来取的车。”他回答。我继续跟他说，我们不一定非要试那两辆不可，任何 PT Cruiser 都可以，这时这名销售员以一副“嘿，我可是在帮你一个大忙”的态度说：“我现在手边没有半辆车。

你可以在这张单子上登记名字。你前面大概还有150个人在排队，排到你的时候我们会通知你。”当我们跟他解释说其实我们还不想订车，我们只想坐坐看，可能的话试开一下。他说他没办法帮我们（没错，你并没有看错）。

就在这个气死人的事情发生后不久，撰写《拒绝背后》（*Beyond the Wall of Resistance*）的作家瑞克·摩尔（Rick Maurer）寄给我一封e-mail，告诉我麻省理工学院管理经济学教授赖斯特·苏若（Lester Thurow）曾经说过的故事。手机龙头厂商诺基亚（Nokia）的高层管理人曾经告诉苏若诺基亚可以独霸手机市场的10个原因。第1个是速度，这一点现在已经不稀奇了。第6个是谦卑，而第10个是运气。苏若写到：“谦卑就是不管你有多好，你都知道自己距离真正的好还有一段距离，而且不管你有多好，你的成功其实有很大一部分要归功于运气。骄傲——‘我们不会犯错’，‘我们第一是因为我们是最棒的’，这种态度和谦卑相反，而且绝对会导致灾难性的后果。就像20世纪80年代末期，没有人比日本人在品质控制上更值得自豪。”

苏若也列举包括轮胎大厂普利斯通（Bridgestone-Firestone）的失败，三菱汽车（Mitsubishi）多年来如何试图掩盖制造上面的瑕疵，及日本雪牌乳制品公司（Snow Brand）如何因为回收牛奶而造成大规模食物中毒的例子。他说到：“骄傲不仅会让你掉以轻心。骄傲也代表你无法在发现错误的时候勇敢承认。”

你上回看到一家公司把谦卑和运气列为成功的主因是什么时候？苏若相信，谦卑是诺基亚最重要的企业核心价值，因为它正是傲慢和骄傲的解药。

克莱斯勒的经销商显然没有学过什么叫做谦卑，至少跟我们接触的那位业务员就没有。他们出了一款在当时很热门的车，主要是因为它很新，而且暂时来说需求量很高。今天你得把折扣打得很低才能打动客户去买那款车。这种暂时性的高需求，让那家车行的销售团队变得非常骄傲，甚至傲慢——他们骄傲到忙着花时间摆高姿态，而不会去想我们是否有其他的需求，是不是想要看看或试开其他的车款（车行里每一个顾客一辈子所具有的消费潜力，预计都有——准备好了吗——33.2万美元之多）。

现在戴姆·勒克莱斯勒的股价表现并不好，是否跟这个销售团队的缺乏谦卑美德有关，我真的不知道，也不予评价。不过让我们这么说好了：玛希拉和我两个人不满地走出克莱斯勒车行，发誓不管以后他们的车有多好，我们也绝对不买。我们将这33.2万美元的购买潜力，转到隔壁的丰田汽车（Toyota），因为在那里我们几乎被当成一个“顾客”来对待（哇！实在太神奇了）！而且根据研究显示，每个人在碰到不愉快的消费经验时，平均都会报给11个人知道——而我的广播能力显然更强——你不是数学家都可以算出，这对于克莱斯勒经销商的负面影响有多大。

在你忙着跟我发出不平之声，伸张正义之前，让我们先来谈谈你、你的销售团队及你的员工，如果你的公司正在竞争激烈的全球经济中蓬勃发展更是如此。你是否对公司的表现感到非常骄傲？你和你的团队是否骄傲到有时接近乎傲慢的边缘？或者你公司上上下下是否时时提醒自己要谦卑？这样的态度是否反映在你对待顾客（包含你的员工）的态度上？如果没有，你将会证明苏若的说法是对的，因为“傲慢……绝对会导致灾难性的后果。”

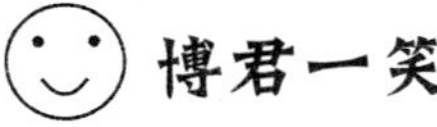

博君一笑

如果你非常有钱有势，那么你大概不像人家讲得那么风趣、聪明和好看。

管理小措施

⊙ 提供你的团队成员很多机会去进行试验。如果他们开始按照“我们以前都这样”的惯例做事，那么你的团队就会走上自我毁灭道路。最好的方法就是公开表扬愿意尝试那些计划过的风险的人，甚至犯错的人（是的，我并没有写错。我有一个客户还很骄傲地颁发令人心向往之的“搞砸奖”）。要记得：你奖励了什么，你就会得到更多你奖励的事项。

⊙ 如果你犯了错，公开向你的团队承认。之后和大家分享你从这个错误当中学到了什么，以及什么是你下一次一定会有的不同做法。

⊙ 让“我们是最好的”症候群从组织当中消失。相反，和你的团队分享这样的想法：“我们所有的人都像红酒一样：一直不断变得更好。”

⊙ 养成说故事的习惯。通过故事告诉员工：你相信成功是一次旅程，而不只是一个目的地。

⊙ 让“不在这里发明”（Not Invented Here，NIH）的排他性观念从团队成员的字典里消失。实施“知己知彼”计划，让你的员工秘密地了解竞争对手的产品。等他们回来，要求他们报告对手做了哪些正确的事情，由此提升生产力和企业表现。

⊙ 审视你的产品和服务，并且展开一项计划，为最成功的产品重新注入新的生命力。如果做不到，就利用这个计划发展另一个更成功的产品，把原来的吞掉。

6

“柔性管理”有何不可

谦卑，面对高层时是责任，对待同事是种礼貌，对待下属来说是种优越。

——本杰明·富兰克林（Benjamin Franklin）

管理是一件棘手的事，需要一个坚韧的管理者。而事实上有时管理人员必须做出强硬的决定。前通用电气公司（GE）执行官韦尔奇（Jack Welch）——曾被喻为最成功的执行官——曾经说过，通用电气公司在他下定决心请4类最难搞的领导人离开之后，便出现了跳跃性的成长。这4类领导人是：能干，却不认同通用电气公司价值的经理人；什么都说好的经理人；笑里藏刀，也就是当面给你糖吃，却在背后捅你一刀的经理人；在工作时“对上逢迎拍马屁，对下作威作福”的经理人。根据韦尔奇的说法，这种经理人是“最难处理的，因为企业总是希望能够看到成绩——这是根深蒂固的——而请一个可以把事情做好的人离开实在是一件不合常理的事。”所以请审视自己的行为，确定自己不要成为黑四类。

根据我以往的经验，“坚韧”经常被误以为是傲慢和自我。这两者都会带来灾难。以下的故事可以解释我的意思（以下的名字并非当事者的真实姓名）。

Smart Widget Manufacturing 公司（SWMC）就如同一般公司一样，在“9.11”事件发生之后陷入困境。其中一个部门（TSGB）的经理亚伯特被高层指示要从约250名员工中裁掉50人。亚伯特随即招开一个“觉醒会议”，告诉员工这个坏消息，以下就是他所说的话：

今天开会最主要的原因，就是要重振目前难堪的利润数字，上级指定我们要裁减50名员工。这是董事会今天所做的决定，目的是要提高我们的利润，增加在市场的竞争力。我们公司的利润是21%，但我们的竞争对手最少都有40%以上，因此我们必须要这么做。

什么是“觉醒会议”？就是让你从梦里觉醒。有些梦是好梦，有些则是噩梦。我们必须要醒来。我们的目标是要重组，这是一定要执行的事。“觉醒会议”的第二部分，就是公司需要我们，但我们必须努力工作让公司需要我们。一次遣散50个人是很多的。现在我们必须用更少的人力来做事。你们必须努力朝目标前进，不要再像今天一样，等到有一天有人来拍你的肩膀才知道发生什么事。你必须准备好坐在驾驶座上。这表示你必须要开这辆车，但告诉我你是否忘了放下手煞车。你也需要有张驾照。你的决定跟贡献将载着我们。不论你跟我都要对未来负起责任。在之前的秘密会议中，我告诉所有的经理要做有效的管理及鞭策（为了面对这次大规模的裁员，管理团队花了2天时间在一度假中心开会）。每个人必须一字排开来执行。你需要的是带领我们走向未来的热情。

我并没有说这样的事情不会再发生。我也不会跟你们保证。

结论是：我们有重大的裁员事件，这对管理团队来说是很难抉择的，但我们会试着公平地分析。明天我们仍然需要你，你的干劲，你的热情，还有你渴望要赢的心。我们一定要尽力去打败竞争对手。

谢谢你们来参加“觉醒会议”。现在我们必须梦醒。

在这会议之后，所有的员工都非常震惊。事实上生产力因此降低，士气也跌到最低。为了解决这件事，我被聘请当亚伯特的顾问，协助他增进人际关系的技巧，重振士气。

当我问亚伯特为什么在会议中采取这样的方式时，他告诉我他要让大家明白现实的状况有多糟。“而我能向大家传达这件事情的惟一方法，就是采用强硬的态度。”他没能理解员工为什么会把它当成自己个人的事。“我只是要在他们下面点火激励他们”。

在这次会议之后，我开始协助亚伯特重新建立与团队的关系，因此我们召开另一次会议。为了让他有所准备，我说服亚伯特不需要再对员工“发火”，也不要再给他们“觉醒会议”。我告诉亚伯特，“你的团队已经受伤了，他们需要一个能沟通的经理，一个懂得关怀及教育的人。”因为我知道亚伯特的大儿子生病了，我建议他在对员工讲话时，能像对待他那生病的儿子一样，打从心底去关怀及教导他们。我也鼓励他要身先士卒地面对挑战，且把大部分的时间专注在员工所需要的事情上，而不是他自己或是管理团队。出人意料地，亚伯特做得非常成功。人力资源主任告诉我，她从来没看过这样的亚伯特。可惜 SWMC 的董事长已经对亚伯特的上司施压把他换掉。即使亚伯特的上司对他的表现很满意，但是在巨大的压力下，他还是在亚伯特第一次对团队的训话后6个月内将他撤换。

尽管这个案例清楚地告诉我们应该要采取比较柔和的管理方法，我依旧同意管理顾问威廉·皮斯（William Peace）所说的：

要成为一个柔性的管理者是很难的。皮斯指出，管理者除了同时要兼具智慧、力量、自信心及责任感外，也要公正，敏感，还要能承受在做出不受欢迎的决定后随之而来的痛苦。皮斯的结论是："如果我们对情绪上的冲突及理智上的争论显得容易受伤，会让我们更人性化，更值得信赖，并且更能接受新的改变。"对我来说，要成为一个高效率的"柔性逆向思维领导人"，最好的方式就是要有高超的说话艺术及技巧，说服别人以他们自己的方式来达到你要的目的。最好的方法就是应用下面 5 个定律。我称它们为定律，是因为根据罗伯特·齐亚迪尼（Robert Cialdini）所写的《透视影响力》（*Influence: Science and Practive*），它们是过去 50 年来经过不断的科学研究，根深蒂固的人类趋力。而最重要的是——应用在我的顾问及教练经验中——它们真的管用。

喜欢的定律

这个定律主张：人类较倾向于去喜欢那些喜欢他们的人，因为被别人喜欢会产生一种情感及愉快的感觉，而当人觉得愉快时，就更有可能顺从你的愿望。我的女儿妮可就是喜欢定律的缩影，她拥有所谓的天生魅力、个人吸引力，或者你会说那是一种会让别人在短时间内喜欢上她——甚至爱上她——的魅力。结果是，妮可拥有的人脉是我看过最多的。每个人都非常希望有机会帮助她。运用以下 3 个有力的策略，你也可以达到这样的效果。

策略 1：释出喜欢的信号。其中最有力的是微笑。微笑可以相连语言间隔及与其他人沟通，不管对方来自世界哪个角落，即使跟你讲相同的语言也是一样：“我很好，你也很好。”

策略2：成为一个好听众，你也可以发现自己喜欢对方哪一点。事实上每个人都有强势和弱势的一面，要发现一个人的优点并不会比找到他的缺点困难。要有效地做到这一点，你可以用心感受对方的优点，并告诉他你的发现。

策略3：找出并告诉对方你们的相似点。相似之处可以建立与其他人的关系，创造善意和可信赖感。例如从人类买东西的行为研究中发现，大部分的人倾向于跟自己喜欢的人或是有相似点的人购买。虽然你的职业可能不是做业务，但你其实一直在推销自己。你在要求升职时推销自己，在让组员应用新的系统时推销自己，而在跟另一半讨论去哪儿吃晚餐时，你也在推销自己。

对等的定律

这个定律主张：你所得到的多寡在于你付出多少。这看起来很简单。如果你要得到更多——表现、信任、爱情——在你得到前必须付出。慈善团体早就了解到这点。他们发现在他们发出去要求捐赠的信件中附上一个小礼物——例如个人的地址标签——他们大概可以得到2倍的回应。同样地，这也可以应用在你自己身上。

比方说，如果你希望你的团队能信任，重视，并且与你合作，以身作则会让你得到更多。另外还有个好处：这个定律也可以用在你的生活上。比如我发现如果要得到更多的信任、爱和快乐，就必须要先付出。结果是：35 年来我和我另一半的婚姻生活过得很美满。

承诺的定律

人们倾向于去做他们所承诺的事，尤其是这些承诺是白纸黑字写下的。我在我的辅导课程中就应用了这个定律。最近我的一个客户吉姆跟他那具有高标准的主管之间有些问题，他的人际沟通技巧不佳也影响了他与下属的关系。我跟他一起与主管茱蒂开会，并且使用一个有力的方式让双方都能客气地谈到他们的想法。在这会议中，吉姆自愿针对茱蒂所提出最严重的问题，做出会有所行动的承诺。这些承诺都被写下来，也开始改善他跟茱蒂的关系。

第 2 个让这个承诺有效的方式就是公开它。以下就是我从麦克斯·贝索曼（Max Bazerman）所写的《管理决策的判断》（*Judgment in Managerial Decision Making*）中学到的习题。

假设你跟我一起在一间约有 25 人的房间里。我拿出 20 元的钞票说："我要来拍卖这 20 元。"请注意这是张真钞，而这也是场认真的拍卖。喊价的单位是 1 元直到结束。最后得标者必须以得标金额跟我拿这张 20 元纸钞。这场拍卖惟一的两个规则就是

(1) 最少要有两个以上的人喊价，(2) 除了得标者以外，第二高标的人必须要支付他所喊的价格。例如，汤尼以 8 元得标而凯伦的 7 元是第二高标。汤尼要以 8 元来买我这张纸钞（这表示他赚到 12 元），而凯伦要付我 7 元但没得到任何东西（这表示凯伦损失 7 元）。

你会出价吗？你会喊到多少？我在几个课程中都试过这样的拍卖，也发现一开始有几个人热烈地喊价。到了约 12 至 16 元时，大部分的人都会放弃而剩下两个人。这两个人之后进入了激烈的竞争，大多数情况会喊到超过 20 元。在那时候除了喊价的两个人以外，其他人都觉得很有趣。我在马里兰大学（University of Maryland）一个研究班中的拍卖，最后标价到 51 元。你一定想我赚到了。其实并没有，我没有拿来自己用，而是当作学期末的奖金。

专业的定律

这个定律的精髓是：人都会倾向于接受专家的意见。当某人在某一方面被认为是专家时，他所说的话比较容易说服别人。根据罗伯特·齐亚迪尼的研究，大部分的复健病患都不会遵照物理治疗师嘱咐按时做运动。从面谈中发现，他们比较熟悉医师执照——而他们也比较会去遵照医师的指示——但他们对物理治疗师的资格并不了解。改进方式：在复健室中挂上毕业证书及物理治疗师的证照。结果：听从医嘱的人多出了 34%。

你可以善用这个定律的优势显示出你的专业，并且在与团队或是客户交谈时分享你的经验和专业，但同时也要小心别让人觉得你在自夸。在交际的场合中运用是个不错的方法。

稀少的定律

事实上人总是想要多得到一点他们得不到的东西。任何时候你都会遇到“时间有限”、“惟一一个”、“现在就行动”等情形，此时你们就是在与稀少定律面对面。不断地追求更高学历的难度会更高，也让你变得更有价值。在我追求我的“另一半”时，就有遇到这样的情况。之前都没什么进展，直到我和另一个女孩跳舞，突然间她就对我感到非常有兴趣。

你可以把这个定律应用在对待下属上，告诉他们只有表现最好的5个人会被选进一个特定的团队，或是在未来半年只有那些有达到一定程度表现的人可以拿到奖金。善用这5个定律可以让你更轻易地说服及影响别人，而你再也不需要表现得很强硬。

☺ 博君一笑

史考特是个很悲观的人，他想要成为一个乐观的人。他的朋友丹尼斯很热爱跳伞，他建议史考特去学跳伞。丹尼斯说：“没什么比跳伞更让人开心的。”

在接受了一些必要的训练后，史考特尝试他的第一次跳伞。教练在带他准备跳下前重新嘱咐一次他所需要做的：

1. 当我们到达适合的高度，我会给你指示，你就跳下去。
2. 跳下后，拉这条绳。
3. 如果很不幸，你的伞没开，拉开紧急保险绳。
4. 当你到达地面后，我们的人会开车来接你，把你带回你停车的地方。

他们起飞到蔚蓝的天空，而史考特也依指示跳下，不久他也拉绳要开他的降落伞。

可是很不幸，伞打不开。而史考特此时告诉自己：“别紧张，你是受过训练的。”

他拉开紧急保险绳，但仍然没有用。这个时候史考特告诉自己：“真是够了，我敢打赌他们也没在下面接我”。

管理小措施

通过你的“正面解释风格”（PES）来建立宾州大学（University of Pennsylvania）教授马提·萨里曼（Marty Seligman）所称的“乐观的学问”。要建立 PES 最好的方法，就是每天保持感激的心态。如下：

- ⊙ 柔性的开始。最好用音乐型的闹钟来叫醒你，别用那种很大声的闹铃（为什么你从一天的开始就要被警告呢）！
- ⊙ 缓缓地开始。让自己有足够的时间来准备当天的活动，并且能在不慌不忙中进行。比你平常必须起床的时间早 15 分钟醒来。如此你这一天可以在放松的情况下度过。
- ⊙ 专注美好的事物。想想 3 件能让你觉得愉快的事情。每天都这么做，不要担心原来的你是怎样的。

⊙ 积极地开始。想一下3件你期待今天要做完的事。在一天的开始别去听世界上发生了什么不好的新闻或是担心你个人的问题。

⊙ 让你自己笑。如果你边吃早餐边看报纸，请跳过那些不好的新闻。通过标题让你知道时事。也别忘了看一下笑话版，让你自己笑一下。对，我是说要让你自己笑出来。

⊙ 给予爱。在离开家之前找些正面的话题告诉你的另一半或是小孩你有多爱他们。别在你离开前找他们碴。在你上班时也别忘了继续这么做（这不是印刷错误。对我来说，有效力的领导方式就是能表现出爱）。

⊙ 掌握PIN（Positive、Innovative、Negative）技巧。这是心理上的3个步骤来帮你从不好的事件中发现好的方面。当“事件”发生或是其他人动作“怪怪的”时，专注在正面的地方（P），再有就是有趣的或是有意思的地方（I），以及负面的地方（N）。

⊙ 付出的比你想要得到的多。这是一条要成为成功领导者的捷径，因为生活就像是一面镜子——你放在前面的都会反射回来。帮助你的员工找出他们满意的，你将会因此得到更满意的回应；喜爱这些员工本身的特点，你将会得到更多的爱。你理解我的要旨吗？

⊙ 要求团队成员做出特定的承诺并签字，这样你会得到更多的合作。

⊙ 要明确地，自信地告诉你的客户，你的团队成员也曾经成功地帮其他客户解决类似的问题。

7

“金牌”不代表一切

领导能力，就是能让别人做你不想做的事，并且达到你想达到的目标。

——汤姆·兰德利（Tom Landry）

讲了安然、安德森、世界通信及这种"例子举不完"的状况，我觉得有必要讲一下显而易见的东西，虽然他们看来并不明显。只要成功不计任何代价，从长远的角度来看其实并不好，许多公司因此而创造出一个不道德的企业文化。例如就算有44%非管理职务的员工注意到公司一些不道德的事情——压榨或胁迫员工，或是有欺骗员工、客户、厂商、社会大众等的行为——也不会往上报告，因为他们相信高层领导不会采取任何矫正行动，或是担心这样的报告无法保密。此外，在确实将错误行为上报的员工当中，低于3/5的员工对公司的回应感到满意。根据2003年华盛顿道德资源中心（Ethics Resource Center in Washington, D. C.）针对1500位员工所做的调查显示，虽然这些错误行为在过去10年来有显著下降，但美国劳工却感觉压力变大了——超过2倍——他们必须在兼并案、并购案及企业重组时，对一般的道德标准妥协。这个调查还显示，30岁以下的员工和管理者一实般不会去报告错误的行为，和平均值69%相比，只有43%的人会这么做。相同地，其中有21%的年轻管理人员对一般的道德标准妥协的比率，也高出他们老一辈的对手两倍。

失败领导者的5个习惯

只想着如何要去赢的领导者常常会失败——他们认为自己是

全能的，能够控制自己及公司的方向。不太了解我所说的吗？想想那些曾是赫赫有名却很快倒地的公司，如安然、安德森、世界通信、泰科及乐柏美（Rubbermaid）。他们的领导人都非常聪明而且有能力，“想要赢”却赔掉了投资者数十亿的钱。他们对“赢”的渴望来自于以下失败领导者的5个特殊习惯。

1. 他们建立了一个不道德的文化

嘿，不要再打呵欠了。看看那些在2000年初出事的知名大集团，没有一家不是这样的，不论你们这些领导人做什么事，都会上行下效。而这些少数的烂苹果可以很快地让你的公司、组织和部门受到影响，尤其是那些以智慧财产为主的公司，如同现在大部分公司一样（换句话说，如果一间工厂倒了，你仍然有厂房；但当网络公司或是以提供服务为主的公司出事了，那就什么都没了——想想那些泡沫化的网络公司）。

当然，当你问别人是否有道德时，每个人都会举手（你自己试试看。下次在员工全体大会时问大家这个问题）。相反，有谁敢对以下这个问题毫不考虑地举手：“你在倒车时不小心轻轻刮到停在旁边的车，你下车查看发现有一道明显的划痕。看看四周，好像也没有其他人发现。有多少人会在离开前放上一张有自己联络方式及保险资料的纸条在那台车上？”（为了能得到真实的不记名回复，可以请参加者写在一张小卡片上传给你）。很少有人会这么做，就算有，确定的回应也会让你震惊。如果你是个逆向思维的领导人，对于道德是无法作出让步的。你不可以只在别人面前或是在有好处时表现得很有道德——根据我在商业演讲上所学到的经验……麦克风一直开着，让我来解释一下。

我曾在一场为时一天的研讨会中，对大约100名听众演说，如果我没记错，是在北达科达州（North Dakota）的米诺特（Minot），当时参与者正在做互动练习。我利用这个空档去洗手间，因为在休息时间我可以跟这些听众做讨论。这时很不巧，我忘了关掉身上无线麦克风的接收器。事情就是这样发生的，有一位男士同时走进洗手间，所以我们站在小便池前进行了一段谈话，直到一个人跑来告诉我麦克风忘了关。当我回去时，觉得非常丢脸，实际上听众都笑倒在走道上了（也许不完全如此，但是他们确实对我的行为大笑）。

你的行为也是相同的——你的道德会不时呈现，而你的团队也会总是——对，我是指总是——有样学样，即使你不觉得他们正在看。而如果你不喜欢这样的感觉，那就别当领导人吧！你将永远没办法成功，因为一个伟大的领导人只会做对的事情，即使自己要有所付出。

2. 他们自认为很抢手

失败的领导者会认为自己或是自己的产品和服务是最抢手的，而他们的客户或是团队不能没有他们。他们忘了所有成功的关键都包含运气——要天时地利，也忘了他们就像其他的人类一样，会把失败归咎于别人，把成功归于自己。我曾和一家高科技公司合作过。在市场的现实问题开始浮现之前，这家公司的领导人认为，他的员工能为公司工作是一件非常幸运的事——“嘿，我们做的是先进的东西，而且你在别的地方是不会有机会接触到这种新科技的。”这个领导人对客户的态度也是如此——“你非常幸运能有机会使用我们的产品，所以应该感到高兴，别再抱怨产品应用方面的小问题了。”

这些领导者心里只有自己，他们不惜一切代价避免谦卑，只相信自己的想法。事实是——这些是你不想听的——要做一个有效率的领导者是需要坚持和努力的，和所谓的抢手一点关系都没有。

3. 他们的举止像猴子一样

这些领导者看不到恐惧，听不到恐惧，也说不出恐惧。《从A到A+》（*Good to Great*）与《基业长青》（*Built to Last*）的作者吉姆·柯林斯（Jim Collins）花了很多年的时间，研究什么是让公司长期成功营运的因素。根据他的研究，成功的公司跟那些失败者的主要区别，就在于领导人如何面对现实。他们是着手处理残酷的现实，或者像猴子一样把事实归咎于某些人事物上。英特尔（Intel）的安迪·葛罗夫（Andy Grove）就是个成功的例子。当日本人在20世纪80年代后期开始争夺英特尔在记忆体方面的业务时，葛罗夫勇于面对这个现实，并且决定放弃这个英特尔的主要获利来源，将生产重心转到微型处理器上。

而另一个失败到极点的例子发生在美国太空总署（NASA）。根据哥伦比亚号意外事件的最后调查报告显示，项目管理团队的领导人琳达·汉姆（Linda Ham）在出事时曾经告诉她的同事，她认为没有必要再去取得哥伦比亚号受损的图像，或是去抢救上面的太空人。“我认为我们也不能多做些什么”。这个结果最后造成所有太空人殉职，太空梭也因此毁灭。更惨的是，他们早在1986年的挑战者号就犯过一次错，但却没学到任何教训。

4. 他们太过成功，以至于做出错误决定

领导者如果过去使用"尝试并得到正确结果"的模式，就会倾向持续使用这种模式，即便它已经没有办法带来最大的利益。根据丹姆·切兰（Dam Charan）与杰瑞·宇辛（Jerry Useem）所写的《公司为何陨落》（*Why companies fails*）一书中提到，人在经过长时间的成功之后，往往不能做出好的决策。安然、朗讯、世界通信、太空总署就是这种现象的范例。他们都先冲到最好，然后就照着以前的方式来做事。原因呢？这些企业的领导者就像我们一样：他们也是人。而每个人都倾向于拒绝放弃他们心中认为最好的方法——他们的世界观——尤其是那些让他们过去成功的经验。世界通信的柏尼·艾柏斯（Bernie Ebbers）就是一个典型的例子。他发现过去"尝试并得到正确结果"的模式让他的公司在并购中不断成长，因此他持续这么做，而不是去管理那些已并购的公司；他以飞快的速度总共并购了75家公司，直到最后开始瓦解。接下来就如同他们所说的，成为历史。

5. 他们建立"顺我者昌，逆我者亡"的企业文化

失败的领导者会不惜任何代价去排挤意见不同的人。如果团队成员不认同他的意见，很快就会被挤到门外。如此一来，员工怕老板的程度高于面对挑战，也拒绝告知事实，因而导致一连串

严重的后果。在这个快速变化、挑战性高的全球性市场，有不同意见是一件好事——应该说，这绝对是不可或缺的。没有任何一个人知道所有问题的答案，就算你是老板也一样。如果你要证据，想想安然。

☺ 博君一笑

心怀鬼胎求职者的惯用语：

- 表面话：我为我的工作感到自豪。
  心里话：我把错误归咎于别人。
- 表面话：我很容易适应新环境。
  心里话：我常换工作。
- 表面话：我为了成功而激励自己。
  心里话：只要我找到其他工作就走人。

管理小措施

每当你遇到那些位于灰色地带的道德决策时，问问自己：如果这个决定让自己出现在明天的《华尔街日报》(Wall Street Journal) 头条时会有什么感觉？如果答案是“我会觉得很棒”，那么就去做。如果答案是“我会觉得很惨”，就别这么做。如果答案是“我不确定我会有什么感觉”，那就再问自己以下4个问题：

1. 我要做的决策符合公司的使命、前景，或核心价值——也就是公司的哲学吗？

2. 我要做的决策对我的客户是有利的吗？
3. 我要做的决策对我的公司是正面的吗？
4. 我要做的决策对我自己好吗？

如果你4个答案都是“肯定的”，那就这样做。如果有任何答复是“否”或“不确定”，请教你的良师益友、教练、顾问团或是董事会。如果是后者，请确定这个董事会是独立的。对初学者来说，这就是指你不会出席的会议。

⊙ 找个教练或是良师——任何一个能告诉你一些你不想听的事情的人（我的教练是用写的方式）。仔细倾听教练的意见并作出决定。
⊙ 把员工培养成公司的“看门狗”。请外面的人每年对公司的员工做问卷调查，然后针对结果来行动。
⊙ 避免灾害并且提升你的决策品质。指定异议者出席所有的决策会议，这些异议者的职责就是挑战你提出的所有决定。
⊙ 公开承认自己犯的错。这样让你的组员也能公开承认自己的错误。
⊙ 表扬——不是责备——意见不同的人。
⊙ 让每周工作50小时成为偶发状况而不是规定，并且公开表扬那些工作生活平衡的员工。例如表扬那些能享受假期，不用加班就达到好表现，及那些每年都达到绩效考核标准的员工（记得在用这个方式时要有相关配合行动）。

⊙ 问自己："如果我被开除了，接替我的人会怎么做？"然后赶快这么做。

⊙ 开放式的管理方式。你的员工必须知道你要他们如何帮你才会更好。

8

自己其实没什么了不起

我相信要成为真正伟大的人的第一个测验是他的谦卑。我所说的谦卑并非意味着因此而对他的能力有所怀疑。但事实上伟大的人都有个很大的特点，就是他们深知并非是他们自身伟大，而是因为通过他们实现了伟大的事物。他们总是能不断地发现每个人身上的独特潜质。

——约翰·拉斯金（John Ruskin）

查尔斯刚刚得到一个新的工作（即使你不是刚刚做这份工作，读这段对你目前的工作也有帮助）。虽然这不是他梦想的工作，但也相差不远。在努力工作了几年之后，他终于成为营运副总。他做到了，在这家业界顶尖知名的科技公司。不用说他觉得很棒，并且急着要向总经理证明把他升上这个职位是对的。在漫长的面试中，总经理布区·梅隆已经重复强调，查尔斯是为了要对公司有所贡献而被雇用。布区强调公司急需注入新的能量，有能力的人，及可观的生产量，而查尔斯知道自己是合适的人选。因为查尔斯能替前任上司达到“成倍的增长和获利”，所以他知道自己这次一样能做到。

查尔斯对于把公司从谷底拉上来是摩拳擦掌，表现出异常的热情，并且设法要向布区证明这个位子上一任的詹米是多么不胜任。事实上，查尔斯准备告诉他的管理团队，结果一定是有进步的，而且他会容忍当初在詹米领导下的那些放松心态。为了让其他人知道他的努力是为了公司，查尔斯也计划要求每个直属员工在 2 个星期内给他一份积极的生产力改进计划，同时也告诉领导团队，只要在他的领导下，他会在 2 个星期内让下属不会有低于 111% 的表现。

以上听起来很熟悉吗？如果没有，请再仔细想想，因为这个场景不断地在我曾经当顾问的公司中发生。而我所能说的是：没有这么快。即使上层要求查尔斯达到突出的表现，他的方式看来只会引起反效果。相反，在任何新环境的前 30～60 天，你可以用以下 11 个步骤来达到成效，同时对公司产生明显的影响。

第 1 步：慢慢进入，别急着改变

每家公司里都会有座小金山。你应该在一开始的 30 天，以作为一个积极的学习者及听众的方式，找到你要的黄金。这是你在这家公司里惟一的一次机会。这就是心理学所说的盲点，因为当你在这家公司待久了，你就再也看不到这些东西。要找出黄金，带着你的笔记四处走走，并且记下你认为是没有效率的、浪费的、多余的、古怪的或是没生产力的事。而重要的是：无论你认为事情如何地没有效率，也不要改变现状，并且别多做评论！

第 2 步：少说，多听

以单独约谈的方式认识所有的团队成员。在会面之前先做一下调查，会对你想问的问题有所帮助，并且记下以下这些问题的回复：你的目标及抱负是什么？你认为怎么样能把事情做好？你喜欢公司的哪一点？我们好的地方在哪里？我们如何能做得更好？你认为是什么事情导致我们停顿？你觉得怎么做可以改进现状？如果你在我的位置，你会想去改变哪一件事？在会面结束前告诉每一个组员你对他们的感觉，及你多需要他们来帮助你有个好的开始。在这里要避免提出你的目标。让会面一开始的重点就放在他们身上，而不是你。

第3步：寻找主题

分析你得到的资料，寻找主题。有哪些事情及顾虑是不断发生的？找出前3大最主要的顾虑，然后开始问自己，如何把它们放入你接下来与所有团队成员的讨论会议中。

第4步：做事

安排自己到公司里每个重要部门做过一次，了解流程。比如你们如果有仓库，花一天时间跟仓库的同仁从包装到出货，每一站做过一次（别抱怨，如果没有站在他们的角度，你如何与前线人员沟通）。

第5步：抓住做得好的元老

在记录所有不好的事情时，也找出那些做得不错的，这样可以让你对那些做得好的公开表扬。不论如何，避免在前30天批判任何的人事物。让我再重复一次，因为如果你没做到这点，你会让自己有很长一段时间孤立无援：别在前30天批评任何人或任何事！你还不了解整个公司，所以你也不了解这些事发生的理由。所以只说好的事，不然就什么都不要说（这个忠告可以让你在任何时间地点都受益）。

第6步：了解公司文化

很多事情的存在都是因为公司的文化（文化就是员工在老板不在时会做的事）。公司里的行为模式是因领导者如何奖励，忽略或惩罚而造成的（“你奖励什么，就会得到什么。”这个真理你可以记起来）。我在当顾问时不断重复看到的惟一问题，就是经理常常奖励员工做他们不想做的事。例如经理会埋怨员工没有团队精神，而当你深入了解后，你会发现他们是依员工个人表现来奖励。

第7步：准备让你对公司的愿景升空

从前面6个步骤中，相信你已经对公司有了大概的了解，而在你心里也大概可以画出个愿景。你可以先试着开始把你的想法用在公司内比较容易接纳新方式、新转变的员工身上——可以利用一对一交谈的机会告知，同时随时依情况做适度的修改。这不是说你要降低标准或是全盘否决原先的规划，而是你可以改变一下执行的策略。例如如果公司的文化是对任何改变的接受度不高或是比较小心，你可能就要多花点心力来找出那些接受度较高的人来一起进行。

第 8 步：分享你对公司的愿景

完成前面 7 个步骤后，你现在可以准备一个让自己完全发挥的会议了。一开始你可以在会议中表扬你认为表现杰出的员工，并清楚说明你会这么认为的理由（可以在说明中谈到与你的愿景相关的事），再来分享你的愿景、目标以及对未来的规划等（基于“做少就等于做多”的原理，所以只要提到一个比较大的目标就好，这部分将在第 12 章提到）。

公开感谢那些之前协助你了解公司，并有如此愿景的同仁。在表达时要明白点出他们各自的优点，并且要表现出你的诚恳和热情。最重要的是，用词上多用“我们”而非“我”（你可以请你的教练或是比较能信任的人，帮你算算你在跟团队开会时用了多少“我”这个字）。此外，要能够接受所有的发问。因为真正深入的问题，可能要等到团队成员开始对你完全信任时才会发问，因此你可以用不记名的方式要求大家把问题写在卡片上，然后只要时间充裕，尽可能地回答所有的问题。你的回答必须坦率，简明，考虑周详。倾听所有的意见，并在会议的最后表示你需要所有同仁的支持和协助。

第 9 步：身体力行

别忘了你任何的动作都是为了要达到你的愿景，并表现出你正在对远大的目标努力。所有人会注意到的是你做事的态度，而不是你说的话。如果你做的跟说的之间有很明显的落差时，他们会开始对你产生质疑，怀疑你的能力，并且变得冷嘲热讽。如此一来就给了他们不支持你，或是跟你作对的理由。

第 10 步：夸大表扬是个聪明的方法

公开表扬那些让公司朝着愿景及策略目标迈进的人（这里要强调：这时候，你的团队成员一定要认同这是大家共同的愿景及目标）。利用这些个人和小组的故事，再次强调他们让公司因此而不同。抓住每个可以表扬的机会。

第 11 步：长期的经营

面对短暂的挫折时仍要坚持信念（这些挫折一定会有的），坚持集中心力在长期经营的进展上，不要让那些反对的声音让你的前进之路因此停顿。每家公司都会有这样的人。你只要有 75% 的管理团队及约 2/3 的员工的支持，就有机会帮公司达到显著的表现及营业收入增长，而且在不需要急着证明自己的情况下就可以做得到。

☺ 博君一笑

史蒂夫刚刚被一家中型规模的科技公司录用。董事长约他一起共进午餐，并给他3个上面标示编号的信封。董事长告诉他："当你遇到认为没办法解决的问题时，依序打开这些信封吧。"

一开始一切都还满顺利的，但6个月后销售开始减缓，而史蒂夫也因此非常沮丧。这时他想起了这3个信封，于是拿出第1个信封打开，上面写着"责骂那些元老"。

史蒂夫因此召开了一个记者会责骂前董事长。媒体及华尔街果然都对此有正面的回应，而公司的业绩也开始回复，事情就这样很快地解决了。

1年之后，公司又面临了生产的问题。根据之前的经验，他马上打开第2个信封，上面写着"重组"，而他也照着做。公司再一次因为华尔街的认同而回复正轨。

在连续几季营业收入持续成长后，公司又陷入另一个危机。史蒂夫回到办公室，关上门，打开第3个信封。信封上面写着："准备3个信封吧！"

管理小措施

⊙ 再重新看一次。这个章节有教你11个聪明的步骤，你还在等什么！

9

别踢员工屁股

领导人常常会忘记，大家来工作时，本来就是打算把事情做好。

——李奥纳·泰格（Lionel Tiger）

当公司绩效下降而不尽理想时，管理方法只有2种：一种是踢他们的屁股（kick in the ass，KITA），让他们害怕，或者是刺激欲望（kick in desire，KID）。“害怕”只会让员工渐行渐远，一点也不管用；其实事实摆在眼前，你再也没办法用害怕这一套了，甚至在军队里也是一样。某天早上我看到《华盛顿邮报》（*WashingtonPost*）头版头条写着：“海军军官学校高级将领辞职”，原因是：副司令理查德·诺顿（RichardNaughton）“以难堪、羞辱的方式对待下属”（这位将领曾经在美国陆军医疗部门任职，以中校退役，这样的结果真的让我很吃惊）。现在请你停下来想一想，如果连海军副司令都没有办法幸免于“踢人屁股”带来的后果，你凭什么认为你做得到？另外一种领导方式：刺激欲望，让人们自己朝某个方向前进。这一套才真的管用。

我很喜欢问我的听众一件事：你们有多少人相信害怕真的管用？让我惊讶的是，有30%～45%的人都举手（这些人算是诚实的）。而当我在高墙上飞行时——我的意思是，当我在帮人做咨询时——我发现那些利用害怕来激励员工的经理人其实数量更多（我知道现在我们不再真正去踢人屁股，但还是有很多形式不同，实质相同的做法，例如“你不能再休假”、“我说你就照做”，还有“我来决定谁可以参加那些大家都想去的会，或是谁得去参加大家都不想去的会”——例子不胜枚举）。为了让听众了解害怕所导致的后果，我常喜欢采用角色扮演的方式。这些角色包括一位“老板”——那种很专横跋扈的老板——通常由我来扮演，另外我会征求一名自愿者，我们暂且称他为强生，扮演向我报告的人。场景开始，老板——也就是我——走进强生的办公室。当我走进去时，我发现地上有一张纸屑。我转向强生，对他说：“捡起来。”强生回答：“我看起来像是公司的清洁工吗？那是清洁工的事，不是我的事。”这时我加强语气，或是态度很差地说：“捡起来，不然你星期一就准备拿钱离开。”当然，强生把纸屑捡了起来。接下来我问强生和其他观众：“当我一离开办公室，你第一件事会做什么？”部分答案如下：

- 我要报复，我要在地上丢更多纸屑。
- 我要辱骂你妈。
- 我会跟我的团队说你是个混蛋。
- 我会去踢别人的猫。
- 我会开始整理我的履历表，开始找新工作。

最后一个答案最重要，因为这就是你采用害怕来作为领导模式时的结果。这一点很重要，注意听好：你底下的人才会离开你！你的人才，我称他们为“水上飘”，可以轻易地过个马路就找到比现在更高薪的工作。那么那些没用的人呢？没错，他们会留下来。他们没办法离开，因为没有其他人会用他们。你看出这里的重点了吗？如果你想要养一群不上进、没干进、有跟没有也差不多的饭桶，你就继续用害怕来当作你的领导模式。

如果你想要动员你手下的人，使用任何一种 KITA 形式只会让你惹上更多麻烦。数字显示，全国只有 42% 的人自认对公司有向心力，其中 1/4 的人计划未来留在公司的时间也只有 2 年。为什么？根据一份由印第安纳哈德森机构和沃克资讯（Hudson Institute and Walker Information of Indianapolis）针对 2300 名员工所做的研究发现，其中 56% 的人觉得老板没有关心他们——这是一种 KITA 形式——只有 45% 的人认为自己受到老板公平的对待，另外只有 41% 的人觉得自己被老板信任。这些感受会对企业的表现和利润造成绝对性的影响。

KITA 所衍生的后果可能相当严重，甚至到致命的地步。一份由两位普林斯顿大学（Princeton University）教授所进行的独立研究发现，普利斯通轮胎公司的迪卡图泛世通工厂（Decatur Firestone）在严重的劳工动荡期间所生产的轮胎，比任何其他时期所生产的轮胎，或是比其他工厂所生产的轮胎更容易出问题（劳工动荡发生的原因是泛世通的管理阶层压迫员工减薪，还要求他们做 12 小时的轮班。员工于是群起罢工，管理阶层就雇用替代员工。1 年之后，员工放弃抗争回到工作岗位，薪水更低，而且和替代员工一起做 12 小时的轮班）。结果就是：“在劳工抗争时期所生产的轮胎，有 376% 的机会引发国道运输安全委员会的投诉，而购买这段时间生产的轮胎的消费者，比购买其他和平时间生产的轮胎的消费者，对泛世通提起因轮胎瑕疵所造成的财产或是人身损失赔偿机会多了 250%。”此外研究人员也估计，有 40 个人因为这些瑕疵轮胎而丧命。泛世通一直到今天还在为 KITA 付出昂贵的代价。

踢屁股之王

这件事在多年以后仍然让我印象深刻。当时我受邀在一家名列《财富》500 大企业的年终庆祝活动上演说。该公司在那一年的表现真的非常出色。整个分公司的人都获邀参加为时一整天的联欢活动，地点在一家四星级的饭店。当大家用过早餐咖啡之后，所有的人都被请入装饰得有如足球运动场般的大交谊厅里。乐队演奏着，啦啦队表演着，爆米花哔哔波波地响着，所有主管都穿着运动制服，气氛真的是非常热烈。大家在听到自己熟悉的团队和个人在前一年达到亮眼成绩时，都高兴得拍手欢呼。企业领袖激励着整个团队，每个人都是斗志十足。

之后公司以一流的午餐款待员工，并请来两位国际知名的专业演说家演讲，把原本就已经很亢奋的团队情绪带到更高潮。每个人都觉得自己很棒，公司很棒，未来也很棒。之后他们以传统仪式向即将退休的分公司董事长道别，由来自总公司的副总裁向大家赞颂他的许多成就。在评论的最后，副总裁宣布他即将接手分公司，接着又说："我们将会进行重组，好让我们可以以更精简的组织维持竞争力。我计划在接下来几个月的时间里，把分公司削减 40%。这代表我们有很多的事情要做，因此我需要仰赖在座的每个人对我贡献 100% 的心力。有没有问题?"

你大概可以想像，现场没有任何问题。相反，整个会场一下子变得非常安静——安静到连针掉在地上都听得见。所有的员工都震惊到说不出话来，整个庆祝活动到此正式告一段落。我几乎不敢相信怎么有人会职位这么高还如此“白痴”，而且完全不知道要在什么时间，以什么样的方式向员工宣布这个毁灭性的消息。很显然，如果有一个“踢屁股之王”的奖项，这位副总绝对可以得到奥斯卡金像奖。

那么什么是踢屁股或是害怕管理模式的另外一个选择呢？就是产生欲望——KID！

让我们回到刚刚的角色扮演。我问观众：如果每一次捡起纸屑，并且带到中心位置，就可以获得5块美金呢？这样地上还会有纸屑吗？当然不会，这样一来连桌上都不会有任何纸屑。这就是领导矛盾的地方：“身为领导人，你所采取的每一个动作几乎立刻会产生一个当初意想不到的副作用。”（想想股票选择权毁灭性的副作用就知道了）。付5块钱给捡纸屑的人这个例子可能有点极端，不过这很清楚地解释了让人“想要”做一件事，和“得要”做一件事的差别。欲望是一个非常有利的动机力量，它可以让人采取行动，即便老板不在身边也是一样。

我有一个客户就采用了一个独特的价值方案来创造欲望。这套系统——不管你的公司规模只有12个人，还是12000人都同样有效——已经让这家公司彻底摆脱一般公司常见的、以害怕为基础的规矩管理体系。表9－1和9－2即是这家公司所采取的替代方法。

表9－1　价值方案范例

X公司所提供的奖金和福利将以此价值方案为基础。价值是由你在5大类别当中所得的点数来决定。至于类别彼此之间的重要性，将根据它们对公司的重要性，是否帮助我们达成企业使命、愿景、中心价值及一些关键成功因子而有所不同。所有的员工会自动被纳入方案之内。每个人在每个类别的总积分将在每个月被公布张贴。请注意：你会直接或间接影响到每个类别。换句话说，做得好不好，取决于你！这5大类别分别是：

（续　表）

1. 书面提交有关创造利润、增加生产力或是节约资金的建议。	
一个建议，可行但是没有实行。	50 点
一个价值 100 美元或以上的建议。	75 点 +5% 现金红利
一个价值 1000 美元或以上的建议。	100 点 +5% 现金红利
一个价值 5000 美元或以上的建议。	125 点 +5% 现金红利
一个价值 15000 美元或以上的建议。	200 点 +5% 现金红利
2. 获取技巧、终身学习及训练。	
参加公司以外的训练课程。	25 点 / 课程
参加公司提供的训练课程。	50 点 / 课程
参加大学课程（C grade）。	50 点 / 课程
参加大学课程（B grade）。	100 点 / 课程
参加大学课程（A grade）。	200 点 / 课程
跨技巧训练，学习一个新的关键技巧。	100 点 / 技巧
跨技巧训练，学习并且运用一个新的关键技巧。	200 点 / 技巧
3. 服务表现杰出卓越。	
由公司内部人员提报。	50 点 / 报告
由公司外部任何人提报（客户 / 厂商等）。	100 点 / 报告
4. 年度出席率。	
四次没有事先排定的缺席。	20 点
三次没有事先排定的缺席。	40 点
两次没有事先排定的缺席。	60 点
一次没有事先排定的缺席。	80 点
零次没有事先排定的缺席。	100 点
5. 付出 111%（申请表范例见表 9－2）	
当你的团队成员、顾客或是团队领导人需要你提供特别的服务，或是你提供的服务超出他们的期望——达到 111% 时，你就会从他们手上收到一张 111% 卡。收到一张卡有 10 点，把一张卡交给团队成员有 5 点。1 个月集满超过 10 张 111% 卡，会在每个月举行的全能会议上接受表扬，并且获得一个绘有 111% 图样的领章。额外的领章可以换得高价的奖品。请浏览我们的网站，看看目前有哪些特别的奖品。请务必在接到卡片两天之内递交申请书给人事部。	
谢谢您为公司贡献 111%。	
让我们在本年度再度获胜！	

表 9－2　111%认证表

请列印。
致：＿＿＿＿＿＿＿＿＿＿＿＿＿＿＿＿＿＿＿＿＿＿＿＿＿＿＿＿
申请人：＿＿＿＿＿＿＿＿＿＿＿＿　员工＿＿＿＿＿＿＿＿＿＿＿＿＿
顾客／厂商＿＿＿＿＿＿＿＿＿＿＿＿　经理＿＿＿＿＿＿＿＿＿＿＿＿
谢谢您付出 111%！您的贡献真的对我帮助很大，而且值得接受特别表扬！
在＿＿＿＿＿＿＿＿＿＿＿＿＿＿＿＿＿＿＿＿＿＿＿＿＿＿＿＿您通过
＿＿＿＿＿＿＿＿＿＿＿＿＿＿＿＿＿＿＿＿＿＿＿＿＿＿＿＿＿＿
＿＿＿＿＿＿＿＿＿＿＿＿＿＿＿＿＿＿＿＿＿＿＿＿＿＿付出了 111%。
再度谢谢您杰出的服务！
＿＿＿＿＿＿＿＿＿＿＿＿＿＿＿＿＿＿＿＿＿＿＿＿＿＿＿＿＿＿
＿＿＿＿＿＿＿＿＿＿＿＿＿＿＿＿＿＿＿＿＿＿＿＿＿＿＿＿＿＿
（签名）＿＿＿＿＿＿＿＿＿＿＿＿　（日期）＿＿＿＿＿＿＿＿＿＿＿＿

你还是分不出害怕和欲望之间的差别吗？只要试想如何移动一只 5 吨重的大象就知道了。你可以站在大象的后面，利用你的肌肉力——在管理领域里这个力量就称为职权，是个任何时间任何人给你一个“经理”或是“上司”的职称时你就会拥有的东西——去推那只大象。你想像出来了吗？很好，因为我要问你：站在大象后面很舒服吗？当然不（如果你不了解，你就是没有想像实际的状况）！或是你可以把手伸到口袋里，拿出一把花生，站到大象前面。这就叫做欲望。哪一种方法比较可能让大象移动呢？采用“聪明的方法”，可以让你在团队成员当中创造欲望，让他们想要来工作——不是得要来工作——这会让世界因此不同。

☺ 博君一笑

顾问和经理之间的对话：

顾问：你有没有一个计划来留住你团队里面最棒的成员？

经理：我尽我的全力一天到晚贬低他们，让他们相信没有其他的人会雇用他们。

顾问：这不会让他们士气低落吗？

经理：会啊，但是每个人士气都很低落，所以也看不太出来其中有什么不同。

管理小措施

⊙ 将团队掌握在正确的轨道上运行，就差不多了（我知道你之前已经听过这一点——那么你为什么没有这么做）！如果你认为你的工作是要纠正别人的工作，抛开这样的想法。你的工作是要为团队成员建立正面的自尊心，而没有什么是比让他们尝到成功的甜美更快的方法了（这就像鸡生蛋，鸡生蛋的道理——哪一个先？是高度的自尊心，还是顶尖的表现?）。

⊙ 1 年至少进行 1 次工作满意度评估。之后实际实施计划，提升工作满意度，每年提升 10%，直到团队成员里面 95%都“非常满意”为止。这很重要。如果你的公司没有进行这项评估，请在你所负责的部门当中进行。

⊙ 提供团队成员在事业上成长的机会，不论在组织内或组织外。我要你在团队里最棒的成员觉得无聊想走人之前，把他们送到公司里其他部门。如果组织里面没有任何的成长机会，请采取一个激进手段，把他们介绍到另外一家公司（没有，我并没有打错）。难道你宁愿被一群在别的地方找不到工作的团队成员卡住，或是因为团队成员没有任何成长空间而士气低落吗？此外，这也是让其他公司推荐更多人才给你的方法（还记得互惠的定律吗？如果你想要更多某样东西，你就得要先付出）。

⊙ 征求自愿者组成“开心小组”，确定你和每一位团队成员做事做得很开心。因为如果很开心，就可以做得好。

⊙ 至少花1/3的时间在团队成员身上，另外1/3的时间在顾客身上。你可以用剩下1/3的时间制造一些麻烦——比如制定规则及标准操作程序（standard operating procedures，SOPs）。

⊙ 对你团队成员的私人生活展现真正的关心。你真的相信他们会把自己私人的问题留在家里吗？如果是，我搭座桥给你。如果你对团队成员的私人生活展现真正的关心，他们的士气会提升，你的周转率会下降，你的团队会更有生产力。你想这样会对你的企业利润造成什么样的影响？

⊙ 常常问你的团队：

“我要怎么做才可以让你的工作变得更容易？”

“是什么东西阻止你贡献111%的心力？”

“我们目前为止是不是很开心？”

他们的确希望你可以帮忙移除达到表现巅峰的障碍。如果你帮不上忙，也要跟他们解释原因。

⊙ 热爱。没错，我说热爱你的团队成员原本的面貌，而不是他们应该呈现的模样。光是精通这一个管理小措施，你买书的钱就已经赚回好几倍了。

如果以上有太多东西要记，且让我总结一个白金守则：永远以团队成员希望被对待的方式对待他们。如果你不是很确定，进行以下两个测验：

1. 如果别人对你这么做，你会喜欢吗？
2. 如果你的做法登上地方报纸的头版，你会不会觉得很骄傲？

如果任何一个问题的答案是“否”，就不要做。就是这样！

10

你在招募志愿者吗

无论何时何地，最有力的领导策略就是：把所有的员工当作志愿者般对待。

——沃尔夫·J. 林克（Walf J. Rinke）

说话要小心！别人不是替你工作；他们也不是在你之下工作；他们更不是你的下属。所有的人只为一个人工作——就是自己。说话要小心的原因，是因为你说的话可以让员工窥探到你的内心，进而知道你是个怎么样的人。

不过这只是件小事。我现在要通过分享一件对我来说最重要的事，将各位带往另外一个层面，看看这件事如何把我从一个"顺我者昌，逆我者亡"的独裁经理人，改头换面变成一个逆向思维经理人。

如何才能看到光明

在陆军医疗专业军团服务 12 年之后，我发现自己开始走下坡。挑战少了，也因为没有发挥到极致，我不再继续被"压榨"。我知道自己在 8 年之后就可以退休，所以我不想白白浪费过去 12 年的军旅纪录。此外，我必须再待 3 年以还清当初军方资助我念博士班的钱。因此我开始大力投入这个专业组织，在几年的时间内，我就成为其中一分子——教育理事会的成员及主席。主席的工作，就是要帮助理事会去执行新的教育标准，而这个任务已经被放在那里好几年了。在我的委员会里有 12 位专业人士，他们都受过高等教育，都是志愿工作者，也都有自己的活动议程。我很快就发现，过去我作为一个独裁经理人时所仰仗的“武器”，现在通通不管用。比如委员会中有一名成员，我们暂且称她为茱莉，她真的非常热心。不管任何时候，只要有项目需要有人来做，她绝对是第一个自愿帮忙的。只是她有一个小问题——茱莉很少把成果交出来。这不是什么时候交的问题，而是根本不交。如果在一般的工作中我的员工这么做的话，我会先劝导，如果不管用，我还可以使出终极武器——开除他们。但是这一招用在茱莉的身上只会造成反效果。她的反应是：“嘿，我大可不必这么做。我要走人了——我要多留一点时间给我的家人。”我最得力的武器之一没了。

不过身为一个独裁经理人，我当然还有其他武器。我可以先控制加薪和其他福利，比如进行员工培训，把办公位置分在角落等。我的另一名员工安德鲁有一个“根深蒂固”的习惯，就是委员会开会时他总是迟到或是根本不来，因此我掷出另外一项重量级武器。我告诉他我要扣他的薪水。他的反应是：“让我看看，从0减到0，还是跟原来一样没有钱赚。”这让我受到很大的冲击——我的独裁武器在志愿者身上根本不管用。我得去开发一套完全不同的技巧，才能促使这些人把事情做好（请参见以下的步骤）。而在我钻研这些技巧之后，我看到了一道强烈的曙光。这不仅是一道光，更是让我从原来的独裁经理人，变身成为逆向思维经理人的决定性时刻。你准备好了吗？这个很够分量——音乐请准备！

把所有的员工当作志愿者般对待。

现在请你停下来想一想，如果你的团队成员都是志愿者，你会怎么对他们说话？是不是："请。""谢谢。""我就靠你了，可以吗?""我需要你的协助。""我真的很感谢你的付出。""谢谢你成为团队的一员。""谢谢你来。"很多独裁经理人对下面这一句话嗤之以鼻："你可以帮我一个忙吗?"很多经理人听了感到很不顺耳。他们跟我说："你在说什么啊？你付他们薪水，他们本来就应该把工作做好。""你一定是疯了，他们不是在帮你的忙。这是他们的工作。"这些都是很好的论点，而且全部都非常地不正确。如果你同意以上任何一个论点，现在该是你清醒并且喝杯咖啡的时候了，因为薪水惟一的功用，就是让你的员工来上班并且留在你身边。这还不算差，但是绝对不等于最佳表现。而要达到最佳表现最快的方法，就是把员工当成志愿者一样来对待。

如何把员工当成志愿者一样对待

给他们一个热情参与的理由

志愿者之所以愿意奉献额外的精力、时间和资源，就是因为他们对于某个信念有无比的热情。你可以让你的员工拥有一样的热情，方法有很多种：比如让他们认同公司创办人的理念，例如亚马逊（Amazon）的杰夫·贝佐斯（Jeff Bezos）；或是企业文化的热情，比如休闲用品公司（Recreational Equipment Incorporated），也就是大家熟知的REI；或是由企业哲学推动的热情，比如强生公司（Johnson & Johnson）。顺带一提，后两者是激励内部动机比较好的方法，因为公司的总裁迟早都会退休，甚至因为一些不那么正面的原因而离开——想想玛莎·史都华（Martha Steward）、世界通信的伯尼·艾伯斯，或是生物制药公司英克隆（Imclone）的塞缪尔·沃克索（Samuel Walksal）。把这股热情制度化的方法，就是建立一个正面的组织文化。

建立一个正面的组织文化

这是一个让员工想要来上班的文化。事实上，在我咨询过的所有成功的公司当中，他们都达到了这一点，方法就是：把员工满意度调查看得非常重要。大部分公司至少一年做一次调查，有些公司还把主管的奖金和员工满意度结合在一起，而且所有的公司实际上都运用各种不同的资讯系统来搜集资料，例如与老板共进早餐、员工集结大会、和员工闲聊、意见功能箱等。总而言之，不管你用什么方法，都要能够知道员工有多满意。

为了不让你觉得这只是芝麻小事，根据研究显示，员工满意度跟顾客满意度之间有着正相关的关系。也就是说，如果你的员工很满意，你的客户也会很满意，你的销售额会增加，企业利润也会因此增长。西南航空公司（Southwest Airlines）前任总裁赫伯·凯勒（Herb Kelleher）说得最好：“如果我们失去了企业文化，我们就失去了最有价值、最具竞争力的资产。”

36 年前，丹尼斯·梅德森（Dennis Madsen）只是 REI 的兼职补货员。今天他是一家拥有 6300 名员工，价值 7 亿 3500 万美元的企业的总裁和董事长，出售专门器具给那些渴望露营、野外生存、爬山，及其他热爱户外运动的人士。

除此之外，REI 也连续 6 年名列《财富》“100 个最想加入的公司”之一。其中的秘诀——根据丹尼斯·梅德森在接受《哈佛商业评论》专访时的说法——就是要有正确的企业文化。“员工在哪里都可以得到福利和工作动机，不过要找到一个让他们能够完全融入企业文化的地方就难得多了。我们吸引那些有户外运动导向的员工，他们帮忙保持这个文化，并且吸引更多想法相近的员工。他们拥有同样的兴趣和价值观；他们对环境、社区奉献心力，致力寻求工作和生活的平衡，并且享受户外生活。”

重视公司的使命、愿景和核心价值

如果企业能够吸引“志愿者”，多半是因为企业拥有能让员工认同，并且点燃员工热情的东西。只有热情的员工才能够持续提供最佳表现，并且提升企业获利。这个策略就像建立一个有特色的品牌一样，因为一个品牌一定要传达出我们做些什么重要的事，我们的特色又在哪里。企业品牌——我把它称之为哲学——对于吸引并且留住“志愿者型”的员工来说非常关键，因为这些人在寻找工作的意义。尤其对于一些过去曾经提供意义，但是影响力逐渐示微的组织来说——比如政府、家庭、社区，甚至宗教团体等——更是如此（本书第 11 章对此有更详尽的描述）。

让工作变得很好玩

如果好玩，事情就做得完。请自问：“我的团队做得开不开心呢?"如果没有，问他们为什么。你也知道，如果你的员工工作起来很痛苦，他们就不可能表现得像志愿者一样。要求你的团队推选5个人组成“庆祝小组”，并拨预算给他们。如果你手边没有钱，可以建议他们和那些希望在你们公司提升知名度的地方厂商联系，请他们赞助你们的庆祝小组，比如电影票、周末度假小屋等，但是要确定那些赞助商的确可以在公司内部达到宣传效果。之后要求庆祝小组聚在一起，每个月找出一些好玩的事情。只要预算许可，不违法，不违背规定，什么事情都可以。

将员工安排在可以发挥其所长的职位

统计资料显示，有25%的美国人痛恨他们的工作，56%的人觉得工作可有可无，只有19%的人热爱他们的工作。一般来说，那些热爱自己工作的人——也就是“志愿者型”的员工——都是从事可以发挥所长的工作。所以请找出你团队成员热爱的工作，并且尽你所能地将他们安排到那个职位。

投资员工的职业生涯发展

如果你希望你的组织更上一层楼，你的员工就得要更上一层楼。这应该是常识，但是就我做管理顾问的经验一再显示，这些常识并没有我们所想像的那么普遍。不过2001年和2002年让人最想加入的百大公司排行榜榜首——圣路易斯爱德华琼斯证券公司（Edward Jones of St. Louis）——显然已经抓到其中的精髓。

这家公司在2002年为每位员工提供146小时的训练，相当于

3.8%的薪资支出，而新进的股票交易员得到的培训是上述的4倍。在今天公司忠诚度几乎荡然无存的经济社会当中，为员工提供价值非凡的培训，大概是惟一让那些“志愿者型”的员工留下来跟你打拼的策略了。这是因为那些觉得自己在工作上有所成长的员工，更可能觉得自己像志愿者一样，并且留在你的身边。

提供优厚的薪资及慷慨的津贴

“但是我们付不起”。这是我一天到晚听到的理由，尤其来自那些周转率很高的公司经理人。既然如此，让我们来做个小小的数学题。假设你的周转率是25%，你付的薪水加津贴平均每人每年4万美元，员工有200人。人力资源专家预估，替换一个有经验的员工所要付出的成本——依照技术层级——平均是一个员工年薪的1~1.5倍。有些成本很明显可以看得见，比如招聘、面试和训练的成本。但是最大的成本却是隐藏在后面的那个部分。比如说，如果你失去了一个有经验的员工，顾客满意度会因此下降，这可能会对你的企业利润造成重大的负面影响。新进员工即便提供了妥善良好的训练，他的表现和生产力至少在前几个月也无法达到之前员工的水准，这个也是你的损失。

除此之外，每次你损失一个有经验的员工，你就会承担许多隐藏在背后的损失。我们保守一点，就用1乘以年薪的算法。这表示在这个假设的案例当中，周转成本是1年200万美元（50名员工×4万）。如果你可以把周转率减低一半，你一年就可以省下100万美元。我打赌即使你比竞争对手付出稍微高一点点的薪水，并且把奖金和顾客满意度等表现相结合，另外再提供员工高额的额外津贴，你还是会有很多钱省下来，这些钱会直接成为你的企业利润。

帮助员工成功

有一句谚语说：没有什么比成功更能导致成功。这句话是真的。想要让“志愿者型”的员工自己感觉很好，最好的方法之一，就是帮助他们能够更快成功。所以帮他们做内部晋升，尽你所能指派一些挑战性高的任务给你的团队成员。补助他们学费，往下授权，辅导咨询，想尽一切办法帮助你的团队成员成功。当他们成功时，他们正好也为公司整体的成功带来可观的贡献。这样不是很好嘛！

建立一个高度信任的工作环境

高度信任的开始，就是告诉员工比他们想知道的更多事情，确定自己说话算话，一言九鼎，并且给予员工信心，让他们可以发挥到极致。这将暂缓裁员的趋势，增进彼此的信任（爱德华·琼斯及其他大多数的《财富》百大公司从来没有进行过大规模的裁员。本书第 13 章有更详尽的内容）。

要积极并且精力充沛

“态度”就像感冒一样是会传染的。积极态度传染的速度，就像消极态度一样快。惟一的问题是，消极的态度就像一个巨大的海绵一样，会把团队的活力吸光——而这是“志愿者型”员工所无法忍受的。另一方面，积极的态度就像劲量电池兔宝宝一样，可以让你的团队不断向前，向前，再向前（你知道我在说什么）。要建立积极的态度，你必须注意到你的用词，包括那些在你脑袋里面转的也是一样。你要知道，积极的语言可以给你活力，而消极、愤世嫉俗和那些可憎的想法只会吸干你和你团队成员的精力。养成习惯，要讲就讲正面积极的话，尤其谈到其他人的时候，不然就什么都不要讲。另外你也要知道，你的脑子一次只能有一种想法，不是正面就是负面——这是你的选择！所以当你发现自己正在思考一些积极正面的想法，恭喜自己。另一方面，当你在思考负面消极的想法时，赶快发现，改变那些想法，然后鼓励自己。记住你的团队会读取你释放出来的信息。如果你希望他们做到什么，你自己一定要先做他们的标杆（想知道如何做到的策略，请阅读《人生赢家》）。

这会带来什么好处？根据我和一些非常成功的公司合作的经验显示，把员工当成志愿者般对待的结果就是公司的周转率下降，公司可以随时找到好的人才，并且在整体获利上获得极大的增长。

博君一笑

一名老板因为自己在员工大会上不受尊重而感到不满。之后他走进一家专卖新鲜玩意儿的商店，买了一个上面写着“我是老板”的招牌，并且把它贴在办公室的门上。第二天他发现有人在那块招牌上贴了一张便利贴，上面写着：“您的太太来电。她要你把招牌还她！”

管理小措施

⊙ 不要太贪心。这一章的管理小措施比你能消化的还多。你还在等什么？现在赶快开始做！

11

不要把焦点放在记分板上

以企业获利来领导公司，就像看着后视镜开车一样。

——沃尔夫·J. 林克（Wolf J. Rinke）

在曾经请我担任顾问的公司当中，几乎所有公司都把第一要务放在企业获利上。

有些公司否认，并且说他们是顾客第一；其他公司说员工才是公司最宝贵的资产。但是当你参加员工会议时，是真是假一下子就看出来了。议程上排第一项的是什么？会议里花最多时间讨论的是什么？是顾客或员工满意度？公司的使命、愿景或中心价值？还是“超大综合目标”？都不是——他们讨论的是数字（公开上市公司至少还有一点理由，毕竟投资人的注意力只能维持一下子，而他们想要知道的只有数字）。但是，就算私人公司也是一模一样（先不要得意。面对现实，算一下你们公司花最多时间讨论的是什么）。问题就在于，如果你花最多的时间，把焦点放在企业获利上，就像是看着后视镜开车一样。这些数字几乎无法提供任何关于你的“车”距离目的地有多远，或是路上有什么障碍等这类资讯（顺带一提，这就是为什么车子前面的挡风玻璃要比后面的玻璃大的原因）。

换句话说，做生意有点像是一场足球比赛。如果你想赢，你就得把注意力放在球上——你的客户、员工及企业哲学（企业使命、愿景和核心价值），还有你的 HOG（参见第 12 章）。如果你和你的团队持续并且热切地坚持下去，自然而然就会反映在企业获利上（当我和公司领导阶层分享这个观念时，大多数的人都直接说我疯了，不然就是说我“根本就不了解”）。换句话说，如果你把大部分时间花在记分板——也就是企业获利上，你就会看不清球的方向，进而输掉比赛。就像真正的球赛一样，你必须界定你的比赛场地，并且设定一个目标和游戏规则。

比赛场地——让你的团队知道他们的位置是在场内还是场外，是安全无虞，还是麻烦上身——这一点可以用很多不同的方式去定义。你可以用公司政策和流程来做；这看起来好像很合逻辑，但事实上这样很不好，因为它会让你对顾客需求的反应变得迟缓或是毫无反应（你知道这会变成什么状况——“这不在我的工作范围内”）。最重要的是，你绝对没办法预测所有可能发生的状况。如果你做得到，那么你可能会被以此定出来的公司政策和流程给淹没。此外，你想得出哪一次有员工跑进你的办公室大声嚷嚷着说：“老板，我有一个顾客服务上的问题。公司政策和流程手册在哪里?”

那么还有什么东西可以带领队团队成员的行为和行动呢？那就是公司的使命、愿景和核心价值宣言了。但是这里却有一个问题。

公司使命宣言不管用

好吧，至少这个标题吸引了你的注意力。公司使命、企业愿景、或是企业哲学——这些东西几乎每家公司都有，然而却很少有公司有办法将它们化为行动，也就是如何定义企业价值观，使之真正能够引导员工的行动，并且激励他们超越最佳表现。

过去曾经有一家高科技公司聘请我帮他们界定公司的使命、愿景和核心价值——我将这些通称为企业哲学。我和公司的高级主管团队花了2天的时间，精雕细琢出一份简短、令人印象深刻又充满热情的文件，其中反映出公司的目的、未来的方向，及坚持理想、绝不妥协的理念。接下来就是实际执行了。尽管我建议我可以帮忙，但是这家公司坚持他们可以自己来。然而这份由我设计的系统，最后却被改掉，而且之后更重要，大概也是最重要的一个步骤——安排执行策略，让每个人负起该负的责任——被完全省略掉了。

一年之后该公司的总裁请我回去控制损害。看来他似乎没办法解决“同不同调”的问题。在午餐时间，我询问他关于企业使命、愿景和核心价值的问题。他却完全不明白。他想让大家往同一个方向前进，但是却说不出那个方向到底在哪里。

或许你会说这是一个例外。我曾见到过无数家公司，花费巨资印刷出企业使命，最后却成为一文不值的废纸，甚至引发来自四面八方的批评。你一旦将承诺用白纸黑字写下来，它就是一套你必须遵守的目标。如果你不这么做，员工会觉得梦想幻灭，造成员工士气下挫，生产力下降。这就像你去一家标榜“提供顶级客户服务”的知名零售商店消费，当你到了那里，却发现半个服务人员都没有，好像你之前看到的广告是从火星来的。我不知道这算是什么样的公司。我转身走人，再也不会回来光顾。

我要说的重点是什么？不要多此一举去设立公司使命、愿景和核心价值吗？不，完全不是这样。其实如果你做得好，所得到的回报是相当可观的。在一份由解析成功（Success Profile）所进行的研究当中，依照企业使命、愿景和指导原则来带领公司及员工的有效性，将600个调查目标公司分为3组。结果发现被归为有效性“不佳”的公司，平均每名员工创造的年利润是7802美元；那些被评定为“中等”的公司，平均每名员工产生16152美元；至于那些最有效地使用企业哲学的公司，每名员工产生的则是27401美元。

如何落实你的企业哲学

第1步：认清事实

你和你的领导团队是否热切地想要建立一个正面积极的企业文化呢？你是否已经准备好要界定你的企业使命（我们主要的目的是什么）、愿景（当公司成长时，我们希望它变成什么样子）与企业核心价值（我们在哪方面绝不妥协，即便它成为竞争方面的一个不利条件）？——请注意这里的重点是“绝不”这两个字，因为如果它可以改变，它就不是企业的核心价值。你是否想要把它们公布于世？如果是，那么就要考虑一些其他重要的问题：你是否承诺要将它付诸实践，也就是说，是否每个人都准备好，随时随地都以行动来展现你所说的价值呢？你是否下定决心，要投入时间和资源来界定你的企业哲学，并且长期坚持下去，使之成为企业文化的一部分？如果上述任何一个问题的答案是“否”，那么请你就此打住，继续按照你现在的方法做生意。这样至少你的团队成员不会觉得你是个说一套做一套的伪君子。如果你的答案都是“肯定的”，那么请继续看下面的例子，并且进行下一个步骤。

你想要看一个很好的范例吗？请看强生公司在1943年由罗伯特·伍德·约翰逊二世（Robert Wood Johnson II）所定下的信条（表11－1）。这份白纸黑字写下的道德义务宣言，在约翰逊将军（General Johnson）的手中落实——你要不就遵守强生的信条，不然你就另谋高就。就是这么简单，却也如此的复杂。简单是因为这么做造就了强生集团今天难以置信的耀眼成绩。例如在约翰逊将军领导公司31年的时间内，他把从父亲那里接手过来的公司营业额从1500万美元提升到5000万美元。今天，强生集团名列《财富》500大公司排行榜中第34大，收益超过360亿美元。

至于复杂，则是因为要维持这个信条需要长期而且昂贵的付出。付出就从把信条贴在全世界每个工厂，并且刻在强生集团位于新泽西州（New Jersey）新伯伦瑞克（New Brunswick）总部旁那个8英尺高的巨石上开始。这个信条由前任总裁詹姆斯·伯克（James Burke）继续坚持下去。他在1979年曾经召集高层主管团队时说：“这是我们的信条。如果我们不打算继续遵守，我们就把那面墙拆了。”经过激烈辩论，伯克的管理团队决定再度致力遵守这个信条，并且在全世界举行类似的会议，落实到全球。

在今天这个转变快速又高度竞争的世界里，这个既昂贵、挑战性又高的行动，看来似乎有点奢侈。真的吗？要知道这个问题的答案，你可以往后快转3年到1982年——强生集团当时发生了泰乐诺事件危机，当时所有对伯克做出谏言的人，包括董事会、联邦政府等，都劝他不要把泰乐诺止痛药下架。董事会不希望公司因为产品下架而遭1亿美元的获利及市场占有率的损失，政府则不希望鼓励其他不法人士起而效尤。伯克并没有听取这些建议，他回头审视公司信条，第一条就清楚地写着："我们首先要对医生、护士、病人、父母亲及所有使用我们产品和服务的人负责。"（见表 11－1）。他在 1986 年又再一次采用了这种逆向思维的解决方式。至于企业获利的结果是：之前预期的恐怖后果并没有发生。强生保住了企业声誉，泰乐诺的业务也重回正轨。

表 11－1　强生公司的信条

我们的信条

我们首先要对医生、护士、病人、父母亲及所有使用我们产品和服务的人负责。为了满足他们的需要，我们所做的一切都要保持高品质。我们应该不断努力降低成本，以维持合理的价格。提供客户迅速及准确的服务。我们的供货商和经销商应该有机会获得合理的利润。

我们要对世界各地和我们一起共事的男女同仁负责。每一位同仁应被视为一独立的个体。我们必须尊重他们的尊严，赞扬他们优良的表现，要使每一个人对其工作都具有安全感。报酬必须是公平合理的，工作场所必须是整洁有序及安全的。我们必须留意各种方式以帮助员工履行他们对家庭的责任。员工可以自由地提出建议和申诉。对于资历合格的人应给予公平的任用、发展及升迁机会。我们必须有具备能干的管理人员，他们的行为必须是公正及符合道德标准的。

我们要对工作和生活中的社会，以至全世界负责，我们要做好市民支持有意义的工作及慈善义举，并负担应缴的税捐。我们要支持地方建设，促进保健及教育事业。对我们使用的财务应善加维护，天然环境和资源也要加以保护。

最后我们要对全体股东负责。企业必须赚取良好正当的利润。我们必须试行新的构想，持续执行研究工作，发展革新计划，并承担错误的代价。必须添置新仪器、新设备，并推出新产品。必须设置准备基金，以预防不利的时机。当我们依照上述各项原则去做，股东应会获得合理的报酬。

Johnson & Johnson

资料来源：http：//www. jnj. com/our_ company/our_ credo/index. htm

第2步：确立一个可以作为团队成员行为典范的企业哲学

和你的资深高层管理团队在企业使命、愿景和核心价值上达成共识——这可不是一个全员参与的过程（该死，如果你是总裁的话，你自己就可以决定了——强生将军就是这样）。集合你的管理团队，不要让他们受到日常杂务的打扰，而且在没有完成前不要回家。在一个有效率的专业人士帮忙下，只要1天半到2天的时间就可以完成。不管你决定要放什么，记住不要放那种看起来冠冕堂皇、漂漂亮亮的文字，尤其写到企业核心价值的时候。比如说：尊重、正直、卓越。你觉得这种核心价值如何？这是好东西吧，不是吗？既简短，又清楚，而且容易记忆，符合所有完美核心价值的要求，不是吗？再想一想！这个正是安然的企业核心价值。

相反，要找出以道德规范为基础的核心价值，即使它们看起来可能会违背短期利益。比如说包装用品公司容器商店（Containers Store）、缅因汤姆公司（Tom's of Maine）和西南航空公司都发现，通过以道德规范为基础的企业哲学来营运，可以增加员工满意度及企业获利。例如容器商店就对员工强调，他们是"……在道德上有义务协助顾客解决问题，而不只是销售产品而已。"该公司在1978年开设第一家店以来，销售额获得20%～25%的增长。另外，不要因为企业哲学的格式而烦恼。事实上，强生集团的信条就打破了所有的规矩，他们的信条长达545个字，大部分的人都记不起来。但是强生还是有办法让它落实。

记住，并不是拥有一个企业哲学，或是有一个正确格式的企业哲学，就会拥有神奇的力量。重要的是要实现它！

第 3 步：获得认同

你一定得和挑剔的大众奋战——这代表你必须让至少 2/3 的员工接受企业哲学。惟一的方法就是让他们参与。我的方法是通过举办一场全公司的标语大赛，让大家都可以参加（细节和范例，请参见第 2 章提过的本人的《赢家管理：6 个建立高效能组织的万全策略》一书）。

第 4 步：让企业哲学活起来

以本身的行动加强企业哲学。想要参考一个好榜样吗？大家可以想想英国维京集团（Virgin Group）的理查德·布兰森爵士（Richard Branson）。一手创办英国最成功企业的布兰森不仅仅是一位了不起的品牌大师，也是一位探险家——他曾经航海和坐热气球环游世界。他的其中一个核心价值，就是工作应该要很好玩，而且他身体力行。布兰森爵士把自传书名取为《失去我的童贞》（*Losing my virginity*）；他以一身白纱礼服参加新公司维京婚纱（Virgin Bridal）的开幕典礼，而在参加纽约的维京移动电话公司开幕典礼时又几乎什么都没穿——好啦，他是穿了一条连身裤。虽然他要管理 224 家公司——大部分是私人拥有——他还是花很多的时间陪伴他的太太乔安和两个正值青春期的孩子，大家都过得非常开心，他也坚持跟他一起工作的人都要这么做。布兰森的说法是："我不认为工作归工作，玩归玩。其实都是在过生活。"永远记得，对于企业哲学要身体力行，如此才能让你的团队成员跟你一样这么做。当你在辅导、询问或是评估员工时，请他们评估自己的行为或是行动是否帮助公司更进一步达到我们的企业哲学。

第 5 步：不断强调沟通

除了将企业哲学身体力行之外，请你每天找一个人跟他谈论你的使命、愿景或是核心价值，一天至少 6 遍。当你开始觉得谈这些东西很烦很累的那一天，就是你的团队成员开始将哲学内化成自己一部分的日子。例如强生集团每年都会和所有的团队成员重新检视一次他们的信条，到了今天，这个信条已经是空前地强而有力。过去多年来，信条里部分文字曾经被更新，并且新增了重视环境及强调家庭和工作平衡的内容。虽然如此，它的精神在今天仍然和 50 年前第一次撰写一般历久弥新。

第 6 步：加入强而有力的执行手段

强而有力的执行手段，是将哲学化为现实的一个基准点或标准点。让所有员工都参与这个过程。之后设立一个追踪系统，确保每个人都是同步同调。让这些资讯公开化以产生合力，并且让每个人有所警觉。不管你采取什么样的手段，尽量简单化。记住，做得少就等于做得多。

第7步：设置一个执行策略与意见回馈循环系统

根据我的经验，这个步骤是最容易被忽略的，所以让我在此跟大家分享几个例子。比如强生集团的员工会定期参与一个调查，评估公司在实现信条方面的表现如何。这些评估之后会被送回高层管理团队，如果结果不佳，公司就会展开矫正行动。花岗岩有限公司（Granite Rock Inc.）是一家专门出售碎花岗岩、水泥、沙子和沥青的公司。该公司的愿景是："花岗岩有限公司将让顾客达到绝对的满意，我们在服务上所建立的声誉将追上甚至超越诺得斯壮连锁百货（Nordstorm）。"（看到了吗？这家公司在卖花岗岩，但却想要成为诺得斯壮百货公司。这在本书中真是个大惊奇啊！）这家公司让自己紧抓企业信念的方法，就是"不满意不付钱"政策。公司的每一张发票最下方都写着一行字："如果您因为任何理由感到不满意，请不要付钱。您只需把不要的产品划掉，简短写下问题出在哪里，并将本发票复本连同支票一起寄回本公司结算。"

在这个逆向思维策略之下，花岗岩公司持续获得骄人的市场占有率，虽然他收取6%的顶级价位，并且达到10%的税前营业收入，但就卖"石头"来说算是相当不错了。

第8步：庆祝

这是另一件重大的事情。大家一起分享荣耀和财富，开开心心地玩。记住，如果好玩，事情就做得完。

第 9 步：身体力行

这是所有步骤当中最重要的一步，也是惟一如果违背就会导致灾难性后果的一步。请用表 11－2 的检查表审视你的企业哲学。

表 11－2　企业哲学检查表

我们的使命描述了：

______ 我们存在的目的。
______ 我们提供什么样的产品和服务。
______ 我们的产品和服务会为顾客提供些什么。
______ 我们为何和竞争对手有所不同。

我们的愿景描述了：

______ 我们对未来的梦想（未来我们想要成为什么样的公司）。
______ 一次旅程而不是一个目的地。
______ 我们特别的地方在哪里。
______ 在未来 10 年到 30 年间，我们真正优先考虑的是什么。
______ 所有团队成员全心投入，密切合作，并且为身为公司的一员感到骄傲，是因为我们想要达到什么样的目标？

我们的核心价值描述了：

______ 什么东西对我们来说是重要的（什么是我们绝对不会妥协的，即便它成为竞争力上的不利条件也绝不动摇）。

其他：

______ 简短精炼，切中要点，充满热情并且容易记忆。
______ 核心价值不超过 5 个。
______ 内容不超过 1 页。

最重要的是：

______ 领导团队的每一位成员都“活”在企业哲学里！
（即便以上选项你一样也没有，这一项也一定要有，没有商量。）

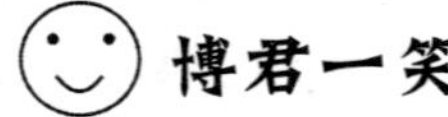

一个来自西南航空公司的空中小姐的评论："本班机今天稍稍误点，是因为机场行李搬运人员在将行李搬下来时，花了比平常更久的时间。"

管理小措施

⊙ 明天去上班的时候，假装自己是第一次加入公司。在走到座位之前，算算自己看到多少次企业哲学宣传的标语。如果少于3次，把企业标语印成海报，贴在公司里人潮经过最多的地方。把标语印在笔、支票、文具、给顾客的印刷品，及任何你想到的东西上面。

⊙ 抓住每一次能够沟通企业哲学的机会。如果你1天没有和某个人分享6次以上，你就是没有做好你的工作。不用担心你会讲太多遍。再多遍也不够。

⊙ 下一次有机会辅导团队成员时，采用企业哲学来引导你的团队。

⊙ 请确定公司的重要决策的确受到企业哲学的引导，例如竞争策略、采购、晋升雇用或是开除等。

⊙ 下一次团队开会时，如果有人因为芝麻小事转移话题，就问他们："这个话题的答案对我们公司完成使命或愿景的帮助有多大?"如果他们没办法回答，再问他们："你觉得这个话题值得我们花宝贵的时间和精神在上面吗?"

⊙ 下一次如果你的团队成员问你应该怎么做，你可以这样回答："你觉得呢？"如果他不确定怎么回答，问他有什么文件可以帮忙引导他作出决定。

⊙ 找出仰赖企业哲学宣言来做决策的团队成员，并且让他们知道你对此印象深刻。

12

对准自己的球门

真正的危机不在于把目标定得太高而无法实现，而是把目标定得太低，而且还达不到。

——米开朗琪罗（Michelangelo）

在第 11 章里，我们已经学会如何去界定你的比赛场地，并且看出什么是你的企业愿景。你的团队成员也需要一个目标才能射门。为了达到这一点，我建议你设立一个超大综合目标（HOG），把它像激光一样笔直地打出去，让员工在未来 10～30 年之内都把精力投入到单一方向上，让你的愿景成真。

这里就有几个例子。时间发生在 1940 年，故事的主角是一位名叫查尔斯·E. 美林（Charles E. Merrill）的绅士。当时他站在位于纽约一个不到衣橱大小的办公室，与仅有的 2 名员工分享他的 HOG："美林（Merrill Lynch）未来将成为一家最赚钱的顶级金融服务公司，办公室遍及全世界。"今天美林证券的办公室遍及全球 43 个国家，资产将近 4480 亿美元，员工超过 5 万人。即便受到科技类股泡沫化以及"9.11"事件的冲击，美林证券仍然是《财富》500 大排行榜中名列全美第 48 大的企业。

另外一个例子，就是沃尔玛百货（Wal-Mart）的前任总裁山姆·华尔顿（Sam Walton）。他在 1990 年宣布："到了公元 2000 年，我们将成为一家价值 1250 亿美元的企业。"沃尔玛真的做到了，而且还不是通过山姆的超凡魅力实现的，而是在他的继任者大卫·葛拉斯（David Glass）手上完成。事实上，沃尔玛的营业收入在 2000 年增长到 1650 亿美元，是今天全世界上最大的企业，2002 年的营业收入更超过 2460 亿美金。其他例子包括前通用电气公司总裁杰克·韦尔奇的愿景："只要有我们参与的市场，每一个市场我们都要做到数一数二……而且我们要拥有大公司的力量，小公司的精简灵活。”而他的确在任内做到了。当然另外还有美国前总统约翰·肯尼迪（John Kennedy）在1961年5月21日于国会山所说出的愿景：“我相信我国在10年之内可以达到一个目标，就是把人类送上月球，并且平安送回地球。”虽然这个HOG就像其他有力的HOG一样，被怀疑论者视为不可能实现的美梦，甚至被其他人认为精神失常，但肯尼迪的美梦还是在1969年7月20日，太空人阿姆斯壮（Neil Armstrong）踏出“他的一小步，人类的一大步”那一刻实现了。事实上，在1969~1972年间，美国共有12位太空人登上了月球。

你是不是在想：“为什么只有一个HOG？嘿，如果一个很好，为什么不来3个、5个，甚至12个？”大家还记得过去的目标管理（MBO）吗？事实上，经理人都学会了怎样让账面上看起来好看——他们列出各种各样的目标，尤其是那些简单的目标，这样才能证明他们达成了多少成就。在你发现之前，MBO已经变身成为一个需要经理人花大量时间去照顾，不断地拿新目标去喂食的怪兽。结果呢？经理人有了很多看起来很棒的“目标”，实际上却没做多少事（注意，在足球赛里你只朝一个球门射门。除非你搞混了，往对方的球门射门，为对方得分。当然，有些经理人就会做这种好事）。

一个有手段的HOG，代表你有一个特定的执行系统（标准）可以追踪进度。换句话说，就是集中组织里各个不同的部门，一起把焦点放在创造策略性合作和伟大的成果上。摩根（Morgan）和雷欧（Rao）两位学者将此称为“超级手段管理”（Super-Measure Management，SMM），而根据他们进行的研究，大陆航空（Continental Airline）新任总裁戈登·贝松（Gordon Bethune）就采用了 SMM，将大陆航空从大失血的灾难中拯救出来。

在他 1994 年刚刚上任之际，大陆航空公司已经连续 4 年平均每年亏损 9.6 亿美元，公司的股价一股只剩 5 美金。顾客普遍认为大陆航空不值得信赖，员工也高度不满——不仅仅是不满，员工不信任管理阶层，也不信任彼此，牢骚话是家常便饭，公司尊严荡然无存。为了力挽狂澜，贝松将每个员工的精力都放在一个 HOG 上："让我们的准点表现排名，从航空业界的最后 1 名升到前 3 名。"为了增加 HOG 的吸引力，他在 1995 年宣布：任何时候大陆航空只要在准点表现上名列前 3 名，每一位非管理职的员工当月就可以获得 65 美元的奖金。在他宣布之后 1 个月，大陆航空公司就在这个由交通部所进行的准点排名中，从最后 1 名一举变成第 1 名。贝松在那个月付出了承诺的 65 美元，并且还不仅于此，光是 1995 年他又付了 6 次。这个 HOG 把所有员工的注意力集中在一点上，效果很好，让大陆航空在 2000 年的全美主要航空公司准点排名当中名列第一。在那一年当中，所有员工每人平均领到 785 美元的准点奖金，还有一个附带的好处，就是大陆航空公司当年在顾客满意度上也荣登第一。

如何让你的 HOG 成真

第 1 步：制定策略方向

如果你已经定义你的愿景，也就是你期待未来公司要成长成什么样子，你就已经完成了第一步（见第 11 章）。当你进行时，记得要积极采用“KISS 原则”——保持简单聪明（Keep it Simple Smarty）。

第 2 步：制定 HOG

要确定你只定下一个真正的超大综合目标，一个可以引导你的公司未来 10 ~ 30 年方向的目标，一个成功几率只有 50% ~ 75% 的目标，及一个公司里每一个人，从高层主管到一线员工，都会对其产生直接或间接影响的目标。如果你的团队成员对其不会产生任何的影响力，那么他们当然就没有出力的理由。如果你不知道应该要有什么样的 HOG，那么就先找出让顾客满意的 HOG 是什么，因为每个人都有顾客，而且每个人都会影响顾客满意度。有一个非常明显却也很容易被忽略的策略，就是尽量让你的团队成员参与 HOG 的制定过程。参与让大家有归属感，也会更快达到你的目标。

第 3 步：建立基准点及追踪制度

要实现 HOG 是一个长期的过程——在这个高度竞争的全球经济之下，10 ~ 30 年的时间就好像一辈子一样久，所以你需要一个追踪系统来监控你的进度，让你的团队成员知道他们做得好不好。比如大陆航空评估是否达成他们的 HOG——也就是要在航空公司当中准点排名前 3 名——就是 1 个月评估 1 次。如果你没办法做到 1 个月 1 次（虽然我看不出为什么做不到），那么你就需要找出一个所有团队成员都能够了解的临时基准，这个基准要能够测量，而且要和达成 HOG 紧密关联。

第 4 步：发展出和实现 HOG 之间紧密相连的激励制度

我把这个称为“超巨大奖励”（humongous incredible reward，HIR）。在理想状况下，奖励系统应该要结合外在（例如金钱）与内在的奖励（例如成就感）。如果你拿不准，大方一点就没错。此外，要确定你提供的奖励对你的成员来说很重要。比如，我之前在芝加哥辅导的一个托儿所，他们提供员工的奖励之一是免费停车位。但是这对大部分的员工来说并没有什么意义，为什么？因为他们大部分都搭乘大众交通工具。那么你要如何知道你的员工真正要的是什么呢？你准备好迎接这个震惊的答案了吗？答案就是直接问他们！还有一个让他们参与其中更好的方法，就是邀请员工组成“奖励动机小组”。你可以为这个小组取一个名字——HIR小组——并且拨预算给他们，接下来就等着看这个小组如何创造奇迹。要确定你的团队在跟自己竞争，或是去挑战订出来的标准，并且避免公司里个人和小组之间相互竞争。原因在于：如果有人赢，就会有人输。输会让人士气低落，而士气低落的人比较没有生产力，也比较容易辞职。如果可能的话，追踪并看出个人、小组和整个组织的表现。请记住：你奖励什么，就会得到什么。

第 5 步：沟通与教育

无论什么时候，只要你要在组织内部进行任何改变，一定要告诉员工，提供他们比他们想知道还要更多的资讯，并且要重复比你想的更多遍。喔，对了，还要利用任何用得上的工具来进行。当你在公布公司的进步报告时，可以使用图表。记住，一张图可以胜过千言万语。如果员工还是不懂——不，他们并不是笨——那是因为你没有解释得很清楚。另外，还要保证把表现的相关资讯公开。没错，不论好坏都要公开，但是要再三确定你的资讯很准确，尤其在负面的消息上。当大家的热诚降温时，就是需要沟通的时候了。根据员工对于实现 HOG 所做的贡献和表现来奖励并鼓励员工，同时你也需要教育一些特定的团队成员，比如那些行政人员和负责后勤支援的员工，用间接的方法让他们知道自己的贡献对于实现 HOG 来说同样非常重要。

根据我的经验，只要讲到沟通，很多领导人就是做不好。比如在我过去合作过的公司里，大多数公司的员工都觉得自己被当成香菇一样地对待。你就是把他们关在一个黑暗的地方，除了肥料以外，什么也不给（你已经明白我的意思了）。我想你的怒气可能已经像香菇一样慢慢涨大，因为你觉得自己没有这样。那么就让我带你踏上一个旅程，让你了解我到底要说什么。

试着想像现在是 1 月初，公司把你和其他 12 个经理人一起送到巴哈马的一个美丽海边度假胜地。在公司总裁开幕致词之后，他把我介绍给大家。总裁说我有一个特别的项目要给大家做，只要做完，今天剩下的时间随便你要做什么——游泳、驾船、潜水——任何你心里渴望已久的事情。你是否已经嗅到海水的碱味，听到海浪轻拍沙滩的声音，舌尖已经尝到沁凉的调酒，眼睛是否已经看到波光如水晶般闪烁的海水了呢？对了，那天当然是晴空当头的好天气。在简短的鼓励你们之后——显然这不是大家所需要的东西——我拿出一个装满拼图的大塑胶袋，一人分一大把，然后告诉你们：你们手上的拼图凑在一起可以拼成一幅完整的图案。只要拼完，就可以去玩。这时候你们会跟我要什么？如果你跟我说："能不能给我拼图盒子的封面？"那么你的答案就跟我问过大部分的观众一样。如果要在一个合理的时间内把拼图拼完，你就需要拼图的包装封面。

现在我们停下来，让你想一想你的团队成员。他们是不是像大部分公司的员工一样，被上面要求要拼出拼图——也就是完成他们的工作，实现 HOG——却没有拼图的封面——对于整个大方向一无所知？

第 6 步：身体力行

你是不是听这个听到有点烦了？你和你的高层经理团队需要对 HOG 表现出高度的热情和承诺，方法就是，让你的团队成员亲眼看到你和管理团队为了实现 HOG 所做的努力，并且谈论那些为了达到 HOG 而不断贡献，甚至超乎职责所需的优秀员工。

第 7 步：扫除路障

和你的团队成员对话，问他们什么是他们迈向 HOG 之路上碰到的阻碍。你可以利用行动管理（management by walkinga-round，MBWA）的时间来进行，或是安排员工大会、与老板共进早餐之类的活动，以及任何和员工对话的机会。注意，一定要很积极地听他们说——虽然这点真的很难做到——记下要点，最重要的是要采取行动。

之后要向你的团队成员报告你做了些什么。如果有做不到的事情也要告诉他们，并且说明为什么。既然讲到路障，请你顺便把流程手册丢掉；相反，发“行动执照”——丹麦全球服务业巨人ISS总裁艾瑞克·莱柏格（Eric Rylberg）这么称呼——给你的团队成员。好啦，你不用把流程全部丢掉，但是要留也只要留下法令规章的要求就好了，其他的不要。政策和程序是进度的杀手，而且会成为实现HOG的阻碍。

第8步：视情况必要性改变HOG

HOG和永不改变的企业核心价值不同——如果改变就不叫核心价值了——你应该乐于修正你的HOG。假设你的HOG是每年新开500家店——这是星巴克咖啡（Starbucks）的目标——但是后来渐渐发现这是一个“没大脑”的做法，因此把它改成“成为全世界最知名的品牌”——向可口可乐学习——而这也正是星巴克目前在努力的方向。

第9步：多多庆祝——愈多愈好

一个伟大的HOG需要一个伟大的HIR（详见以下飞利浦的故事）。当你往HOG迈进之际，记得一定要庆祝。因为HOG本身就是需要很长的时间才能达成，因此你必须不断地让你的团队成员热情加温，尤其在最后无法对他们的贡献做出奖励回馈的时候——就像很多政府机关组织一样。只要是人，就会设法追求快乐，远离痛苦弗洛伊德把之称为“愉悦原则”（pleasure principle）。如果你没办法让你的团队成员持续追求 HOG，问问自己和你的团队成员是不是做得很开心。“开心”就是这个步骤的重点。

所以要庆祝得好，还要多多庆祝。在团队成员面前公开进行表扬，并且确定你的奖励要根据成就多寡做适当比例的分配。如果大家热情降温，就该是举办更多庆祝、更多激励大会，让大家玩得更开心的时候。记住：如果好玩，事情就做得完。

飞利浦的故事

汤姆·飞利浦（Tom Phillips）有一个梦想——也就是我所说的 HOG。他想成为全世界最大的新闻通讯社。因此在 1974 年，他在自家的车库成立了飞利浦发行公司（Phillips Publishing）。1990 年，汤姆确立了他的第 2 个 HOG——年营业额到 1993 年要达到 1 亿美元。这个 HOG 伴随着一个 HIR：如果我们达到这个 HOG，所有飞利浦公司的团队成员，可以带他们的家人踏上迪斯尼乐园之旅，费用全部由公司承担。这个 HOG 在 1993 年实现，而飞利浦公司的员工和他们的另一半、小孩及其他家人，1350 人浩浩荡荡地踏上迪斯尼乐园。你或许会说：这么奢华的旅行我可付不起。不过你想想看：1993 年的这趟旅程为公司在地方及全国媒体上创造了非常可观的曝光率，其中包括《华盛顿邮报》《今日美国秀》（*Today show*）及《国家探询报》（*National enquirer*）——我知道你可以选择不用这些媒体——另外，还包括出发前为制造气氛所举办的迪士尼特别庆祝仪式，也受到当地电视媒体的报道，其他媒体报道更是不胜枚举（要达到这种程度的媒体曝光率要花多少钱，你还需要想吗）。

虽然如此，现在身为飞利浦国际集团（Phillips International）董事长的汤姆并不就此打住。他的第 3 个 HOG 是年度销售额在 2003 年达到 3 亿美元。就像从前一样，这个 HOG 也伴随着一个 HIR——为期 3 天的迪士尼邮轮之旅，当然所有费用由公司承担。这个目标再一次顺利实现，而在我写到这里的同时，飞利浦已经是全世界最大的新闻通迅社之一，年营业额超过 3 亿美元，而汤姆也带着他的员工和家属——总共 1300 多人——在 2003 年夏天踏上他所承诺的迪斯尼邮轮之旅。

我在这里可能要补充一点，就是飞利浦公司一年到头都充满着趣味及创业家的精神。这家公司每个月都会举办表扬日，为生日、升职或是服务满周年的员工庆祝。他们也有员工精神小组，不时举办活动以增加员工的社交和服务社区的机会；他们有烘烤比赛，有“奉献精神”活动，让员工把不容易坏的食物捐给地区的游民之家；另外，还在特定假日——例如美国的国旗纪念日——不时举办一些趣味竞赛。事实上，汤姆的信念就是：“在飞利浦，我们努力工作，也要努力玩。”

你可以利用表 12－1 检测 HOG 的进度。

表 12－1　HOG 检查表

你的超大综合目标（HOG）当中所包含的伟大挑战，是否达到以下的效果？

______ 是否让你的团队成员热血沸腾？
______ 是否在大家心中建立起一个非常清楚的概念？
______ 是否只需稍加解释或是完全不用解释？
______ 是否能让你的团队在情绪上也完全投入？
______ 是否具体？
______ 是否清晰，简明，一针见血？
______ 是否引人注意？
______ 是否和激励制度紧密结合，让所有员工都具有影响力？
______ 在接下来的 10～30 年的时间里，有 50%～70% 的把握可以实现？
______ 团队成员里是否有 2/3 的人都觉得可以达到？
______ 是否形成一股团结的力量？
______ 是否让公司朝向愿景迈进？
______ 是否包含一条很清楚的终点线？
______ 是否融入了至少 2/3 团队成员的热情和承诺？
______ 是否有 HIR 加以支援辅助，让团队成员充满活力？

博君一笑

以下文字摘录自某员工手册：

洗手间使用守则

公司员工花在洗手间里的时间实在太多，未来我们将按照姓名的字母安排使用时间。例如所有姓名是 A 开头的员工，使用洗手间的时间为 8 点到 8 点 20 分，姓名是 B 开头的员工，使用时间是 8 点 20 分到 8 点 40 分，以此类推。如果无法在分配的时间内使用，必须等到隔天规定的时段才能再度使用。如果情况非常紧急，员工可以互相调换使用时间。双方的主管都必须书面核准调换的事实。此外使用时间现在将限定为3分钟。时间一到，警铃会自动响起，卫生纸会自动缩回，厕所门会自动打开。

管理小措施

- ⊙ 在和你一起工作的团队成员当中，随机挑选10%（注意：是和你一起工作的人，不是为你工作的人）！确定每个部门至少要挑选1个人。利用接下来1个月的时间视察每一位成员，并且问他们HOG是什么。如果95%以上的团队成员都可以说出HOG的精髓，代表你做得很好。如果不是，请修定一个行动计划，进行进一步的沟通和教育。
- ⊙ 利用每一个可能的机会来沟通HOG。如果你一天没有和某个人分享至少6次，你就是没有尽到责任。不要担心重复太多遍，这么做永远不嫌多。
- ⊙ 至少花1/3的时间和你的团队成员相处，找出阻碍他们达成HOG的障碍是什么。
- ⊙ 持续地执行你所教导的东西。“坐而言，不如起而行”。对你来说重要的东西，对你最宝贵的团队来说，就是重要的东西。
- ⊙ 对你的HOG感到兴奋，并且把这种兴奋的情绪传递给你的团队和顾客。如果你没办法对HOG感到兴奋，就把它改掉。
- ⊙ 要求你的领导团队想出一个可以吸引全国性媒体注意的HIR。

13

“信任”有什么不好

相信别人，别人就会对你说真话。对别人好，他们就会表现出最好的一面。

——拉尔夫·瓦尔多·爱默生（Ralph Waldo Emerson）

“永远信任别人，除非他们证明你错了。”这是我在我的研讨会和辅导活动中提供的谏言，但我所得到的回应多半是：“你不了解那些替我工作的人”、“你一定不知道我们面对的是什么样的客户”，或是“如果我的性命掌握在我的经理手上，我也不会信任他”。就某个程度来说，我可以理解他们为什么这么说。毕竟“信任”在美国企业界已经逐渐消失。这也难怪，看看那些企业之间的合并、重组、裁员，还有像安然那样垮台的例子，都会让员工觉得要信任公司管理阶层已经愈来愈困难。根据位于密西根安娜堡（Ann Arbor）的安恩忠诚机构（Aon's Loyalty Institute）针对1800名员工所做的调查显示，“有13%的美国员工，从一开始就不信任他们的雇主——因为他们觉得自己无法消除工作上的恐惧、威胁和折磨。”另外，位于马里兰州贝斯达市（Bethesda）的华森华特全球公司（Watson Wyatt Worldwide），也对7500名员工进行过类似的调查，结果发现“只有半数的员工信任他们的高层经理人。”

如果你觉得“那又怎样”，请参考华森华特的调查结果：“那些员工信任高层主管的公司，股东投资回报率比那些内部彼此不信任的公司高了42%。”

企业领导团队的旋转木马

以下我要说的故事，可以清楚地说明领导阶层不信任团队所导致的后果。1995 年，一家高科技公司的高层副总约翰雇用了我。约翰和公司总裁兼董事长克里斯，希望我能帮助他们改善公司高层管理团队的效率。

在和所有阶层进行深度访谈之后，我发现克里斯已经失去对约翰及他所带进来的管理团队当中部分成员的信任。他们彼此的信任恶化之严重，让我做出替换约翰，重组管理团队的建议。他们也的确这么做了——花了公司一大笔钱。其实在我进行组织评估时，我发现缺乏信任的问题是出在克里斯这位总裁的身上，而不在约翰或是管理团队上。

造成不信任的原因是克里斯所采取的种种行动，让约翰及管理团队没有办法好好做事（约翰和管理团队之所以进入公司，是因为克里斯过去已经直接主管好几年，而且公司已经成长到克里斯无法一手控制的规模。约翰及由 5 名高水准经理人所组成的昂贵管理团队因此进入公司，全权负责公司的日常运作）。也就是说，克里斯让约翰和他的团队一开始就注定失败。因此，我强烈建议克里斯本人接受辅导，让下一个团队可以更成功。我同时建议，新团队一旦上任，我们可以展开密集的信任感建立行动，让新的管理团队迈出正确的第一步。然而，克里斯却把问题完全归咎于外在原因，并且认为没有辅导的必要，因为“约翰和他的团队基本上就是不值得信任的。只要我有了新的团队，一切事情都会好转。”

新团队大约在1998年上任，结果呢，正如你所预期，3年后我又接到克里斯的电话，就好像有人把录像带倒带重新放一遍一样，惟一的不同之处就是领导团队的名字不同。这种情形再度上演，不信任的程度又一次恶化到整个团队必须离开的地步。虽然整个情况似曾相识，但是克里斯仍然继续将问题外化，并且又引进了新的管理团队。惟一的改变就是克里斯现在一肩挑起公司日常大小事务的主要责任。从那个时候到现在差不多已经有3年了，我也准备随时再接到他的电话。

现在请你停下来想一想，一家公司因为领导人——克里斯——无法信任别人，拒绝承认自己才是问题核心，而必须付出多少代价，又会失去多少生产力。根据我的估计，除非克里斯把公司卖掉——这是他的心血，但是他又不愿意改变——不然，这家公司最终一定会垮。毕竟信任是所有关系和互动的基础。一旦这个基础被摧毁，彼此之间的关系和互动就再也无法顺利、有效而成功地进行。

总之，我要传达的信息是：如果你一直不信任你的员工，你有3%的时间是对的。这个几率不是很高，对不对？如果反过来，你永远信任所有的员工，一直到他们证明你是错的，你有97%的时间是对的。为什么不选择比较高的几率呢？这是你的选择，不要放弃！

那么，你要怎么做才可以在组织内建立信任感呢？你可以先从互惠定律开始，也就是你付出什么，就会得到什么（见第6章）。因此，如果你想要得到更多信任，你就必须先信任别人（对了，这里谈的东西在家里同样管用，因为，我们谈的是如何建立一个稳固的关系——不论在工作上或是在家里）。

你可以做的下一件事情，就是确保你说话要算数，不管你说什么，你的团队不用再去多加揣测，让他们可以信任你对自己、客户和公司做出对的事情。一旦你把这个基础打好，接下来你还可以采取6个步骤来建立组织内的信任感。

第1步：让每个人对自己负责

永远让所有的团队成员对自己的行为负责。要做到这一点，你可以让他们接受这个真理：要不要做，操在我手中！你甚至可以把这些字做成一张大海报，并且写下这样的开头："我在此承诺对自己的行为负责"，并且让所有的团队成员在海报上签名（还记得第6章所提到的承诺定律吗）。大家签名之后，把这张海报放在显眼的地方，让所有的顾客和员工都看得见。另外，因为在超过50个人的团队建立责任感很困难，所以一定要把公司分成人数较少的小组，一组最好不超过50个人。一般来说，人如果身处在一个彼此认识的团体中，会表现得比较负责任（这也就是为什么管理虚拟小组是一个很大的挑战）。这可以避免迷乱（anomie），这是一个法文词，意指社会因为行为标准衰微而分崩离析的混乱状况。

第2步：划定界线

信任感要在大家知道彼此在做什么，用什么方法做的情形下才会成立。在组织里要怎么做事，应该由企业哲学来定义——你应该已经知道这一点了（见第 11 章）。一旦划定界线，你一定要训练自己去预期你的团队成员会在界线当中运作。为什么呢？因为就长期来看，你预期什么，就会得到什么。在这种环境里面，控制是在采取行动，评估结果之后才能进行，而不是一直告诉别人应该怎么做，或是让他们做什么事情之前都要得到你的许可。这么做可以让你成为一名教练，而不是一名警察（见第 16 章），并且也可以让你的团队成员更尊重你，更信任你。

第 3 步：建立一个学习型组织

信任需要一辈子的学习，因为信任只有在人们彼此信赖能有最好表现的情形下才会产生。而这样的表现只有在你提供足够的资源，让员工可以进行终身学习，不断地让自己进步改变的情形下才可能发生。为了做到这一点，你必须允许你的员工犯错，而最好的方法就是在自己犯错的时候公开向大家承认。一旦你的团队成员看到你其实也不是如此完美，他们或许也会愿意承认自己犯下的错误——虽然很多人永远无法那么成熟。这么做所换来的，就是你的团队成员愿意承担经过计算的风险，找出如何把事情做得更好的方法，不论成败都和团队成员一起分享。此外，建立一个富含书籍和多媒体设施的学习图书馆，它可以作为训练之用，更可以让团队成员使用，使之自我学习成长，达到巅峰（记住，一个团体的好坏与否，完全取决于他的员工）。我特别建议，你鼓励员工在上班途中听那些激励或是教育性质的课程。这样，他们一进办公室就已经整装待发，万事俱备，态度正面积极，并且可以更有效地处理压力，和团队成员和睦相处，同时为顾客提供更好的服务。

第4步：练习坚定的爱

一个高效率的领导人热爱团队成员本来的面貌，而不是他们应该呈现的面貌（再说一遍。这个道理花了我26年的时间才钻研出来，而且光是这句话就已经让你买书的钱回本好几倍）。相对于这句话的说法，就是我们每个人都像红酒，意思就是我们随时都有机会让自己变得更好。

另外，一个逆向思维领导人随时都会帮助他的团队成员变得更好，要做到这一点，当然就需要爱。要有爱，就一定要有信任。因此，如果有人故意地，而且一而再，再而三地滥用你的信任，这种人就必须从组织里面剔除，因为你必须永远信任所有的人，否则你就会回到独裁经理人的老路——一个老是事前检查，事前控制的经理人——而不是一个把检查和控制交给企业哲学，只有在团队成员故意违反黄金守则时才出手处理的逆向思维经理人。

第5步：身体力行

我知道你之前已经听过了，但是重点不是听，而是去做，因为信任只有在你用行动证明你说过的话时才会成真。我在研讨会上让参加的人亲自证明了这一点。

我要求所有的参加者站起来看着我，并且要求他们按照我说的话做。我要他们伸出右手臂，用拇指和食指围成一个圈圈放在脸颊上。当我说‘脸颊’时，我却把自己的拇指和食指圈圈放在我的下巴上。接下来的场面非常有趣，大部分人的手臂不断地在脸颊和下巴之间游移颤动。有些人把圈圈放在下巴上，脸上一副不知道怎么回事的样子。一般只会有少数几个人按照我用言语说出来的指示，把圈圈放在脸颊上。接下来我让他们看看彼此，立刻引起一阵窃笑，之后我问他们刚刚发生什么事。当然，他们告诉我，他们受我行动的影响胜过我所说的话。同样的道理在你的团队成员里也是如此。这就是为什么你自己一定要成为行为典范的原因。如果你不喜欢，那么该是你退出领导圈，跟我一样当一名顾问的时候了（对不起，但是残酷的事实就是如此）。

第 6 步：进行高度接触

在我们迈向虚拟组织时代之际，高科技逐渐成为组织的一个标准规范；然而，如果没有通过会议、公司旅游或是大会等各种形式的高度接触，信任就会逐渐枯萎。要建立人与人之间的信任没有捷径，不能通过网路、语音信箱、传真或是其他电子媒体来实现，只有彼此之间面对面、眼对眼、鼻对鼻，你才能确定这个人的肢体语言是否和他说的话一致。所以请务必走出自己的办公室，花时间和你的团队成员——这些对你的成败具有 85% 决定权的重要人物——好好相处。

博君一笑

一名观光客把车停在华盛顿市中心。他走出车外，对一个路边的人说：'你听着，我去店里一下很快就回来，你可不可以帮我看一下车？'

'什么？'这个人生气地说。'你知不知道我是一名参议员？'

'我本来不知道，'观光客说，'但是我在赶时间，所以我想现在只得信任你了。'

管理小措施

⊙ 你现在手上已经有6个管理措施可以执行了。你还在等什么？

14

不要给嘎吱作响的轮子上油

站在员工的立场，一个绝佳的工作环境就是其中有一个你信任的上司，你为自己所做的事情感到自豪，并且享受和你一起工作的人相处。

——罗伯特·利弗林（Robert Levering）

为嘎吱作响的轮子上油

珍妮丝·梅兰妮（Janice Maloney）是一家公司的执行总裁。它位于巴尔的摩—华盛顿区拥有9间办公室的公司——我姑且称它为Can-Do Mortgage Co.（CDM）公司——已经面临瓦解的危险，而她似乎已经束手无策。公司的业绩下滑，而在这个低利率的年代，她所有的对手不仅成长显著，连业绩都创出新高。她的员工士气低迷，公司的副总级领导层也都非常沮丧。他们看起来都把时间花在互相责怪上，却没有去想出一个能够解决问题的办法来改善业绩。她与公司那些仅剩的副总们开了一个会议，他们对于珍妮丝避免跟他们见面感到非常沮丧和反感。她总是以每天的行程已满来答复那些想要与她会面的员工，无论从低层人员到副总级都是如此。通常这些会议看来都有相同的主题：大家互相责怪，发牢骚，抱怨：有什么该做没做的，什么做错的等。当她去各分行时——她知道她该做这些事，虽然她非常讨厌这么做——大家继续抱怨，为自己辩解，且通常表现得非常无助。最好的例子就像汤姆——一个老职员说的："这真是个烂公司，每个人都在批评其他人，却没有一个人站出来解决问题！"

事情到了一个难以解决的地步，这时珍妮丝请了一个顾问——那个人就是我——来分析原因。在对公司进行了通盘研究后，我发现珍妮丝犯了一些管理学上的错误，其中一个最大的错误，就是她花了很多时间处理那些麻烦制造者、发牢骚的人以及只会抱怨的人——"要给嘎吱作响的轮子上油！"

当我告诉珍妮丝我所发现的事时，她抗议说她完全是按照管理学课程中学到的来做，而课程里强调执行行动管理的重要性。她说："这名教授上课一开始就问每个人从事什么行业。全班的这些领导阶层同学开始一一回答。当问到我的时候，差不多已经是最后一个了。"珍妮丝继续说："我回答说在信贷行业。"这时教授异常兴奋地说，我们并没有准确地说出所在的行业。他说："你们都说错了！你们全部都是在人的行业——因为，当你感到管理和领导的责任时，你已不在贷款业，而是选择在人的行业。你要达到你的成绩并不是看你怎么做，而是你的员工怎么做。你的员工占了你成功与否85%的决定权，所以，你应该多花些时间在他们身上。"珍妮丝接着说："在那之后，我就都这么做，花更多的时间和我的员工相处——到每个分行走动，建立一个随时开门跟员工接触的政策，也让我自己在小会议中倾听，我每周还举行'跟老板共进早餐'活动。但从那时开始，我听到的只有牢骚、责怪及抱怨。"我问珍妮丝她听到后如何回应，她说："我劝大家要多多倾听，互相体谅。有时，我甚至告诉他们要试着去面对现实。"

此时，我请珍妮丝想像一下因为她的举动所引发的连锁反应。当她停顿时，我问她知不知道这句话的含意：你奖励什么，就会得到什么。"你是说错都在我吗?"我回答她："也不完全是，但的确占了大部分因素。也就是说，你'奖励'那些做了你不想看的事的人——那些有一大堆牢骚、抱怨和责怪的人，那些利用这点来得到'奖励'的人。"我再问她："你公司里那些表现最好的人、那些表现杰出的副总、业绩很好的业务人员等，你又花了多少时间与他们相处?"

珍妮丝露出震惊的表情："事实上非常少，他们是我最好的员工——他们没有时间发牢骚、抱怨和责怪。然而情况是，当我开始去听那些发牢骚的员工时，这些人告诉我说他们超时工作及薪水过低。于是我把愈来愈多的责任放在那些好员工的身上。"（这个策略事实上让后果更严重，因为愈来愈多的好员工因此离职）。

"我知道了，"珍妮丝终于兴奋地惊呼："我把大部分宝贵的时间花在那些麻烦制造者身上了，我不仅没让他们承担起应负的责任，反而允许他们卸下他们的担忧，且还拿掉他们愈来愈多的责任来奖励他们。"

"没错！"我说："但你还对他们做了些什么？你对那些表现杰出的员工做了什么？"她回答说："我忽略了他们。"我回答她："事实上你做得更糟，你惩罚他们。第一，你把更多的工作跟责任转移到他们身上，第二，你忽略了他们。"我告诉她："教授所说的很好，把你的时间花在那些让你更好的人身上，花少一点的时间在那些麻烦制造者身上——那些嘎吱作响的轮子。"

现实检查时间

现在别坐在那里自鸣得意，认为你从没有像珍妮丝那样做过。现在让我们来看看你有没有。请拿出你的月历，不管是电子的，还是印刷的，算一下过去 4 周你花在那些麻烦制造者身上的时间的比例有多少。如果超过所有时间的 5%，你将会感到混乱了。如果你要你的员工积极地，可信任地，随时为工作付出，那么就该花多一点的时间在已经这么做的员工身上。当他们这样做的同时，也能帮助你快点成功。至于那些麻烦制造者、那些嘎吱作响的轮子怎么办？很高兴你会这样问，因为我很乐意分享一个肯定有效的管理小措施，可以让你比以往更快地解决它。

方法如下：把那些有问题的员工的长处和短处放在一个天平两端。如果短处多于长处，且任何方式的协助——包括专业训练等——都得不到好结果，这时候就必须做一些处理了。首先，把那些嘎吱作响的轮子安排到可以增加他们能力的职位（请注意，我并不是指把他们安排到一个不会扰乱你的地方就好——这只不过是另一种方式强化你所不想见到的行为。想想看，如果我在这个职位长期有问题，若能被安排到一个没人会注意的地方，这有多好）。如果这样也没有用，或是没有可以安排的职位，那么这个时候就要有严厉的动作——没错，开除他们。最好是，送他们到你的竞争者那里（如果你没笑出来，再看一次。如果还是没让你微笑，那么你现在差不多该休息一下了）。不管你怎么做，花最少的资源、精力和时间在那些嘎吱作响的轮子上。

博君一笑

刚好上文提到“开除”这档事，这里有一些说法，让你必须要做你工作中最不愉快的部分——也就是开除一个人时，可以用上。

- 我不知道没有你我们将怎么样，但我们还是要试试看。
- 并不是说你是个没有责任感的员工。事实上，你在这个公司里比任何其他人还要对更多灾祸负责。

- 我曾一直告诉你把工作和愉快混在一起并不是件好事。但是，今天我要打破这个规则，你被开除了。
- 告诉我——你在这家公司多久了，不把明天算在内?
- 我有个好消息要告诉你，你不用再担心上班会迟到了。

管理小措施

⊙ 承担所有责任。正式的公告从某一天开始，公司的政策就是：如果是这样，都是因为我。可以考虑印在小卡片上发给每一个员工，然后你自己要为所做的事负责，也同时要求其他人这么做。

⊙ 否决‘尝试’这个字，别接受‘尝试’。它意味着一开始可能就会失败，即使没有成功也会让员工自己满足；毕竟，他们确实尝试了。相反，‘决心’代表一种承诺、行动及更高几率的成功。

⊙ 贴出‘责备比赛’之类的谈话。如果需要，做一张像欧洲交通标志的责备比赛海报。当有人开始有这样的行为时，要他看一下海报。

⊙ 时常提醒自己，多花些心思在你所能发现的有责任心的员工身上，并且奖励。要牢记，长期来说，你奖励愈多会得到愈多，你愈忽略的会离你愈远，而你有做出惩治的将不会再发生，至少在你面前不会。

⊙ 培养独立行动。当你的员工告诉你他们的问题时——尤其是那些总是在抱怨的人——要求他们对每个问题提供 1 ~ 3 种选择或是解决方法，然后要求他们扮演组织中首要的行动者，来发现组织内的问题。

⊙ 让员工一起工作。当某些人彼此伤害，问他们有什么方式可以让他们一起工作。

让他们把想法写在不属名的纸上。

讨论每张纸上所写的内容。

然后要他们确定最多5个承诺——关于将来他们会做得不一样。

要每个人在写着承诺的纸上签名，然后要求他们对彼此都要负责，找出他们所做的对的事，并要让他们知道。

⊙ 把人放在正确的位子上，让他们可以增加优势。找出员工想做的事，并且尽可能地安排相关职位。

⊙ 避免竞争。让大家跟自己比较或是跟标准比较，避免让大家互相竞争。原因是：如果有赢家，那就会有输家——这会让输的人士气低落，进而影响其他人。

⊙ 要做不受欢迎的事。努力让员工尊重你，而不是喜欢你。如果你要每个人喜欢你，你会逃避那些棘手的决定，你将避免与需要面对的人面对，你会避免依不同的表现给予不同等级的奖励，因为有些人可能会难过。延迟一些较难做的决定，试着不让任何人因为你难过，不管他们的贡献如何不同都是相同对待，将会让那些最有功劳的员工反感。

⊙ 当员工最后的依靠，解决冲突。严重的冲突很少能够自己解决的。下面是你能采取的方式：

第1步：当某位员工向你抱怨另一位员工，坚决要求他以理性方式解决。如果还是不能解决，要他们两个一起来见你。

第 2 步：认真倾听两方的故事，肯定每一个人的价值，但别站在任何一边。问他们冲突会如何影响任务的完成、愿景、核心价值及策略目标。保持客观，用文件说明事实。把焦点放在工作责任上，避免一直要找出错误或是做出任何的指责。把注意力保持在现况，而不是那些历史或之前的牢骚。

第 3 步：坚持事实而非意见的声明。如果员工表现出情绪化，让他们用理性的方式表达自己的感觉，然后再把谈话慢慢转回到事实上。

第 4 步：把公司哲学当作行为的方针和基准。

第 5 步：针对事件裁决，而非个人。清楚告知想要的结果，然后要求双方提供独特的建议来实现这个结果。

第 6 步：让双方一致认同特定的解决方法。定义特定的结果并告知双方如何来衡量，这样两方才能知道自己是否有达到。清楚地指定在最后期限内谁该对自己的责任有所行动。

第 7 步：写下 5 项他们最后同意承诺的事项，并要求他们签名。

⊙ 如果因为整个关系完全破裂而导致失败，请用下列的步骤：

第 1 步：把双方请到一个较温和的环境，坐在圆桌旁是个不错的选择。

第 2 步：请他们把喜欢对方的地方写在纸上。

第 3 步：请他们把卡片交给你。

第 4 步：请他们在卡片上写下——

“我希望你能不同的地方”

“我希望你不会做的事”

“我不喜欢你的地方”。

第 5 步：依次每一个都看过。在这时他们也会比较愿意放开谈论，而你也可以把卡片摆在一边。

第 6 步：当他们无拘束地谈话并指出他们能不同时，要他们做出 5 个承诺保证今后会不同。

第 7 步：把这些承诺写在纸上，开头是“我们保证……”，并要求他们各自签名。

在结束会议之前，把你对未来的期望定义出来，“我期望你们双方今后都能按照这个承诺做事。我也期待你们彼此对这些承诺负责并表现出你们的不同。”

第 8 步：让他们同意并握手言和。

15

别以为薪水万能

员工离职的原因有：对老板不满、工作没挑战性、没有升迁的机会……不只因为钱。

——查尔斯·欧赖利（Charles O'eilly）

当一个老板把一星期的薪资支票交给他的员工时告诉他，这是你这星期付出的回报。虽然这段话常在漫画中出现，但大部分管理者的确认为钱可以促使一个员工达到最好的绩效。没有什么是比证据更有具有说服力的。想要知道吗？回想最近一次你为某个员工加薪，假设是5%，而对方前1个月也真的比较有绩效。但有多少个员工会来告诉你，"老板，我今天的表现比以前多5%喔！"根据研究显示，加薪可以达到两个目的：可以保证员工会来上班，保证员工不会离职。这当然是毋庸置疑的，但这不是能达到最好绩效的方法。你必须停止再去聆听员工抱怨薪水不够的问题。想想看，有谁曾经跑来告诉你说，"你已经给我够多了"（不可能，对吧）！事实上钱就跟爱情一样，很少有人觉得所得到的够多了（我在这里是假设你的基本福利都有，或是跟同业付一样或更多的薪资。如果不是，记得一个道理：如果你给花生，你会遇到猴子）。其实你只需要按照以下13条规则来做。

规则1：促进内部升迁

想要有最高的绩效吗？不要再提钱了。事实上，可以忘了外部奖励——其实也不完全是（参考规则13）；你可以选择更有效力、更坚固、更容易的方式——内部升迁。这是因为员工会为了某件事而变得有活力，而这是你建立一个良好的公司文化所能做到的。

规则2：根据表现来奖励

这是管理学最重要的基本原则，我之前就提到过，现在再说一次：你给的奖励是依你所得到的为标准。所以，如果你要的是高绩效，那么表现杰出的人所得到的奖励一定要和较低绩效表现的人有所差别；而如果你要的是团队合作，那么你一定也要给予奖励……（我希望你真的能做到）。其实很少管理者能完全做到，原因是：实际上所有的员工都会自认表现在“平均之上”。你可以试着在下次全员会议中发问“你们有谁表现在平均水平之上?”你可以看到几乎所有人都举手。你可以再问“你们有谁表现在平均水平?”事实上你会发现没人举手。对了，我曾对无数个人问过这样的问题，当我问到有谁表现在平均水平之下，没有半个人举手。如果你想要知道如何执行这个规则，看看那些薪资结构是以业绩奖金为主的公司。

规则3：根据个人的喜好来奖励

每个员工要的都不同，也可以说，不同的人会因为不同的事情而感到惊喜。例如，如果有个比赛奖品是到阿鲁巴（Aruba）

的双人行，这不会让单身的人或是怕坐飞机的人感到兴奋。同样地，如果你给予员工的奖励是休假，你在犹太人员工身上会得到反效果（别笑，我一个在纽约的客户就做过）。为了让这个规则有效，你必须了解你的员工，知道有什么可以激励他们。你要如何发现他们的喜好？你可以问他们。而现在有一个激进的概念，如果你想要有效地得到这个资讯，你可以在员工训练时收集，并且每年都要重复这么做。

这里有一个例子。REI 提供了一个挑战极限的补助金给那些热爱户外运动的员工。大概的情况如下：有几个员工参加了他们从没做过的户外挑战活动，包括爬埃佛勒斯山（Mount Everest），或是骑脚踏车环绕从西礁岛（key West）到缅因州的卡拉斯（Calais），距离约 2600 英里的东岸绿色道路（East Coast Greenway）。他们交出了申请表格和他们所需配备的清单，管理部门会评估决定，如果通过了，REI 将提供所有所需的装备。事实上 REI 在 2002 年总共付出了约 3 万美元的装备费用，而这也吸引了媒体来报道——免费的广告！

规则 4：公开来做

如果可以，要记得每个人的名字。这里有两个重点你一定要小心：私底下惩罚，公开奖励。你或许会想为什么我要提到这种再明白不过的道理。如果真的明白，为什么我有个客户就在其他同事面前羞辱其中一位管理阶层的员工？他说他是在采用“让人难堪的管理”（management by embarrassment，MBE）方法。结果呢？员工完全失去了士气，公司内更是充满恐惧。当然这个执行MBE的管理者并不在乎，他说："我要他们有恐惧的心理，这样他们才会更认真做事。"事实却刚好相反——管理阶层的人都想逃避责任，并且做出任何决定都很慢，他们不敢在没请求那位MBE领导者前做出任何决定。在这个竞争激烈的市场中，这对公司来说是非常不利的。

相反，你应该常安排庆祝活动，因为这是成功的开始。想想看，奥运会得奖者会把奖牌挂在身上，军人也会挂上自己的勋章。别告诉我，你的员工会因为这样而不好意思。如果真是如此，说明你没有努力让员工建立自尊，那么你就应该好好想想。除此之外，这也说明你的自尊心还不够——你在第6章已经学到。如果你在这方面需要协助，可以参考我的另一本畅销著作《人生赢家》。

规则5：要公平

想像一个场景：员工1号是个项目经理，他每完成一个项目可以让你的公司在3年内省下5万美元。员工2号跑来跟你提出了一个可以让业绩增长10万元的方案。如果他们两个最后都得到同样的奖励，他们会怎么想？这会让员工2号或其他人觉得，即使做到111%，在这儿并不会有什么不同；此外，也有可能会影响到他日后做事的方法。还有，别告诉我你要私底下来做。这违反了规则4，也违反了常理说的：公司内没有秘密！再清楚看一次吧！我无法告诉你们，世界上有多少领导者重复地把精力放在维持公司内的秘密上。

这里同样有个例子。有一天，一个主管告诉她的一个管理阶层的员工她被降级了，会有一个新主管从新加坡来接管她的职位，而她今后1年都要直接对这位新主管报告。她继续说："我要你直接从我这儿得到信息，而不是从公司内的流言或是一周后的正式公告中得知。"她最后说："这是绝对机密，而我要你保证不会传出去。"隔天，消息已经传到我客户在冰岛的老板那里。尽管有警告，一个主管把这个消息告诉人力资源部的人，那个人再发电子邮件告诉她的老板，然后信再转到同样在冰岛的大老板那里。请记住一个常理：公司里是绝对不会有秘密的。如果你不信，你所要付出的将会比这里提到的还多。

规则6：适时去做

如果一个表现杰出的员工在6个月后才得到奖励，那么这个奖励将失去它的效力，所以要立刻去做；而且别担心是不是所有的员工都在现场，即使是违背规则4。让这个消息一个接一个下去，总比什么都没做好多了。

有个客户回想起为了要让员工随时都能做对的事，他会拿出20元钞票在大家面前奖励做得好的人（没错，钱如果是这样运用，就可以增进表现。此外，这样可以在使用规则2时更有帮助，因为它可以转换成很多员工想要的东西）。在执行这项规则时，我的客户总会注意到规则7。

规则 7：要详细说明

要公开认同员工，一定要清楚地表明要奖励的原因。与其说“我要你们大家知道约翰在上个月做了件很棒的事”，不如说：“约翰保住了我们公司的核心价值，也就是要给予超过客户所期待的。前天，We-Do-It-Right 制造集团的苏珊·碧莎急着要一个装置，但我们刚好没有。约翰并没有直接告诉她我们没办法帮忙，反而打电话给我们的竞争者，请他们隔天出 20 个装备给苏珊。今天大卫接手并确保我们的竞争者达到苏珊的需求。这就是我所说的公司核心价值永远要做得比客户期待的还多，并且马上能够作出回复，这让我们都觉得非常骄傲。让我们大家为约翰热烈鼓掌。”这种程度的详细说明能让其他员工效法这样正确的行为，并会提高这类举动不断重复发生的几率。

规则 8：不定期地做

如果你每次都没有奖励就是违背这项规则，而不定期地公开认同比较容易让同样的事再发生，并且降低“我有什么问题吗”的影响。

在演讲中我也运用这个规则。我喜欢给予奖品——圆形小徽章、录音带、CD 等——给那些认真听的人。事实上，我是丢到台下，这样能让他们一直注意我。而如果我是每次一开始就发奖品，那些常来听我演讲的人一开始就会问："我的奖品在哪里？"而如果我是不定期地发奖品，就很少会遇到这样的问题。

规则9：说明整件事

成为一个会讲故事的人能让你的公开奖励更有帮助。把"快乐乔"如何鼓励一个消极的绝症患者，或是"超级苏"如何保证在客户要求的期限内发货的故事完整说明，可以让公司内的人知道什么是重要的，并且开始强调这样的行为跟绩效比你以前所定的那些最好的政策或曾表现的绩效还突出。想得到更多的资料，请参阅好莱坞顶尖电影剧本创作家罗伯·麦基（Rober McKee）所写的《说故事的感动》（*Storytelling That Moves People*）。

规则10：表扬3/4的员工

以下2点是领导者在奖励时的共同困境：（1）那些没有得到奖励的员工会妒忌；（2）总是同一群人得到奖励而其他人就放弃了。不管是哪一种，都表示你太吝啬了。你的目标应该是在1年内奖励或是表扬最少全体员工的3/4（注意：如果你觉得这太不切实际，表达"做得不错"的握手也算是一种表扬）。这样，全体员工会比较努力做到最好的表现。

规则11：提供多种选择

因为要完全做到规则3很难，而且“得到一个奖励”会变为是种期待，所以要随时提供多种选择，鲍伯·尼尔森（Bob Nelson）的书《1001种奖励员工的方法》（1001 *Ways to Reward Employees*）是个不错的参考。例如，我的有些客户喜欢发给那些表现杰出的员工写着111%的翻领大头针。但是，已经拿过的人，再拿到一个的吸引力就会减少。这也是我其中的一个客户要改为像是绿色图章，让员工可以去交换不同大头针的原因。

规则12：让员工参与

这样可以节省你很多时间，并且让你的领导效力有显著的成长。练习将决定权交给下面的人，尤其是当这决定是直接影响到员工的福利时。征求5名自愿者组成奖励表扬小组（这个小组中请不要超过1个是管理阶级），给予这个小组预算，并且最好不要给予规定，然后完全不要插手。你会为他们的创造力及效率感到惊讶（把这方法应用到你现在常要做的决定——这很有效）。

规则13：让员工保持“电力”

著名的玫琳凯（Mary Kay）化妆品公司及其他成功的直销公

司都明白这个道理。如果你要员工一直都有最好的表现，你一定要提供他们外在的刺激（被你发现了！我在规则 1 中告诉你外在刺激并不重要，但它们还是有意义的）。所以，在特别的时机，例如你们已经达到超大综合目标，或者表现最好的一年，在预算许可下，找一个能激发积极性的演讲师来向全体员工表达感谢。如果你无法负担这样的费用，也可以成立一个语音图书馆，轮流播出不同的语音课程让员工在上班途中听。可以约定每星期开会，让每个员工讨论一个他们学到的道理，这个方式让每个人都可以同时从别人身上学到不同的东西。或者在员工训练时播放一盘激发积极性的录像带。你的员工将会很惊讶，同时，这些大师的策略可以让他们和你的公司更快成功。如果你怀疑地说："这东西维持不了多久的!"那么让我来提醒你，淋浴也是如此，为什么你每天都要做?

照着这 13 条规则，你跟你的员工会得到更多乐趣，并且完成更多的事，而你也会省下很多。

☺ 博君一笑

员工告诉老板："我工作是为了一个好理由……我需要钱。"

管理小措施

⊙ 你运用了这个章节里的 13 条规则吗？如果还没有，为什么你还想要得到更多的管理小措施？

16

别在公司下棋

教导并不是领导。

——沃尔夫·J. 林克（Wolf J. Rinke）

在业务界有一句名言：说定了不等于生意搞定了。这也适用于带领团队：教导并不是领导。只有指挥官、独裁者、老板才会去“教”别人怎么做（你也看到了希特勒、墨索里尼、还有萨达姆的下场了吧）！被教导的人对他的任务并没有所有权，而所有权是很重要的（你租车的时候，有几次是在还车之前还会先把车子洗一洗）。你想要别人听你的，就要多问少命令，注意别人在做什么，倾听别人的声音。

在别人称呼我们为“领导者”的时候，他们多多少少都会觉得我们应该是全能的。有了这种预设的立场，他们就会觉得领导者才是负责跟别人说要做什么、要怎么做的人。但是问题在于：你不会比你的组员更了解他们自己，你也无从得知他们到底在做什么（不要再自己骗自己了）！既然每个人都有自己的优点和弱点，你想要光从教导你的员工应该怎么做而成功的话是不太可能的，这只会让你的员工很沮丧，又不知所措而已。

新泽西州的盖洛普民调公司曾对1000名员工做过研究，发现55%的员工对自己的工作不热衷，19%对自己的工作非常不热衷。这些员工“……不知道老板希望他们做什么，掌握的资源也不够，也得不到老板的注意。”这表示只有26%——大概1/4——的员工真正在做事情，发挥自己所长（这真是一头棒喝啊）！盖洛普指出，像这种不热衷的员工一年会花掉公司2920亿到3350亿美元，各地不等，因为这些员工生产力效率低，请比较多的假，对公司的忠诚度也不高（你最好再看一看这些数字）。

更糟的是，有些领导人会觉得自己什么都懂，所以他们才能教别人要怎么做。而在我们的文化里，人都会崇拜一个可以在短时间内做很多决定的人，我们期待一个用脚就能思考的超人领导。

但问题在于，用这种方式领导的人很容易搞不清楚状况，因为他们觉得自己知道所有的事情，所以很难再去学习新的东西，也不会有“活到老，学到老”的观念。不确定感——本来是做决定的人都会有的顾虑——却永远不会出现在这种领导者的思考逻辑里。所以，他们直接做决定，完全听不进别人的意见。不过，这却会造成悲剧性的结果。想想泰科的执行官丹尼斯·科兹洛夫斯基（Dennis Kozlowski），他以自己能在短时间内做决定而自豪，特别是那种很快、令对手措手不及的决定。但是，他的决定却有财务方面的疏失，因而造成泰科当年度90%的损失。

此外，还有一种不稳定的因子。在你教别人该怎么做的时候，常常会造成别人的反感；而只为了要证明给你或他们自己看，他们会认为“你凭什么叫我做这些事”！

你可以用一种很好的方法来印证这个道理。请一群人来，大家两个两个面对面站着。叫他们把手举到胸前，彼此的手掌心伸出来和对手相接。然后请大家把手掌往前推，这样会让对手也推回来。你很少会发现有哪一组队员会自动退出这个活动，然后说：“我不想玩这个游戏，因为这只是力气的斗争，一定会有输赢。而且最重要的是，我们两个人很可能会因此耗尽彼此的体力。让我们想想，我们两个真正想要的是什么，我们一起动动脑，看我们怎么样想出有创意的策略来达到我们希望的目标好了。”

想解决这种情况最好的方法就是让别人自动自发，而不要老是想教别人要怎么做。当人们主动做事情的时候，他们就比较可能去选择自己擅长的任务。看！员工的满意度跟生产力就这样扶摇直上了。戈尔公司（W. L. Gore & Associate）——GORE-TEX布料和其他创新产品的创办者——就是靠这种方法成功的，而且也因此名列《财富》“100大值得服务的公司”之中。当你在戈尔公司工作的时候，他们会这样告诉你：“找你喜欢做的事来做！”没有老板，也没有同事会叫你要做什么，每一个人都可以随意选择自己喜欢的企划方案来做。而且，他们也没有薪水的差别；合伙人委员会每6个月开一次会，根据员工表现来决定薪资的调幅。

我在艾伦贝里的故事

我的第一个老师，也就是我的爸爸，是第一个让我有管理概念的人。他有一个简单的管理原则：“听我的，不然就滚蛋！”这种独裁式的模式影响我最深（参照第10章，看我是如何自我治疗的）。我21岁的时候，很幸运地找到我第一个管理性质的工作，是在宾州的度假胜地艾伦贝里（Allenberry），我要去一家美食餐厅接任总经理及整个区域的餐点饮料经理的职位。我有一部分的工作是要开着自己的车，载着一箱箱的饮料到我负责的各个区域去。我也因为这个任务而在餐厅厨房后面的停车场有一个车位。我一直都记得自己当时有多么得意——一个车位上印了我的名字。没错！我真是个热门的员工啊。

我满怀兴奋地迎接我的第一份工作，但是我却遇到了一个问题——有人把车子停在我的车位上。我走进厨房用独裁者的方式说到："谁占了我的车位？"主厨布鲁诺回答是他占的。但是，我可是他的老板，所以我说："别再停那个车位了。那是我的车位，我的名字可是印在那里。"布鲁诺嘀咕了几句，然后就去做他的事了。第2天我仍满怀着期待和兴奋到了艾伦贝里，但是兴奋的心情又被布鲁诺给毁了。这次，我冲进厨房跟他说："老兄，难道要我跟你说德文，你才听得懂吗？Das ist mein Platz und Du darfst da nicht mehr Parken！"（那是我的停车位，而且我不希望你再停那个位子）。布鲁诺跟我说，他7年以来都是停那个车位，也没有理由要他换个位子停。当然，身为一个独裁的经理，我直截了当地告诉他，叫他再也别想停那个位子了。猜猜看，第3天谁停在我的车位上？没错，就是布鲁诺。第4天，我做了一件让我爸爸自豪的事：我把那个混蛋开除了。

我从这个经验学到了什么？煮菜！而且是在最短的时间内学会的。

别急于做决定

有什么解决方案吗？第1：不要急着做决定。人都是很懒惰的，而且这是件好事。要不然，我们到现在还会住在洞穴里，一边抱怨着很冷，很累，又很饿。所有的发明都是为了要让生活更简单，更方便，更符合人的需求（这就是遥控器的由来啊）！懒得想，懒得解决问题，懒得动脑筋——这些都太麻烦了——员工们就想出一个更简单，更直接的方法：问老板。你想想：如果你这个老板可以帮我做决定的话，你等于拥有了这只“猴子”，也就是说，你就必须为我的工作负责。这让我快乐无比。不只是因为我的工作量变小了，而且只要你的解决方案出了差错，要负责的人可是你啊！结果就变成：你让我变得更依赖你，也让自己变得更不可或缺（这的确会让一些老板很高兴，因为这让他们觉得自己无比重要）。这也表示，我只要一有问题就必须来找你。现在把这种情形乘上你所掌握的直接进度报告，你就会知道为什么你比你的团队工作得更认真，每天回家的时候拿的手提箱——人称猴笼——愈来愈重。

你需要做的，就是掌握下放权力的艺术（一个聪明的顾问想出了一个绝佳的名词——这就是顾问们要做的事啊——放权给你的员工）。如果你不授权给他们的话，他们永远长不大。如果你不是个让人成长的老板的话，那么你就不用混下去了。记住：如果有疑虑的话，永远把做决定的权力尽可能地交给最底层的员工，然后用以下2个最有效的问句来问他们：

（1）你会怎么做？

（2）你觉得怎么样？

领导时要像个教练，不要像个警察

第2种解决方案就是要像个教练一样领导你的团队，而不是像个警察。很可惜的是，很多领导人都还不了解这种艺术，因为他们觉得授权给别人会让自己所拥有的权力变少。根据我个人的经验来看——还有我客户的经验——结果正好相反。下放权力给你的员工只会增加你握有的权力，长远来看，也会增进你的实力，让你变成一个风格特异的领导者。

在我告诉你要怎么做之前，我先快速地解释教练的定义：一个教练能通过引导和实际操作的过程，让人发现自己有所成长。这个定义的重点在于，你是通过引导的过程让人学习，而不是做给他们看，或直接教他们该怎么做。这个定义隐含的意义是，一个有效率的教练肩负 3 种责任：

（1）引导别人去发现自己需要什么东西来完成这项工作。

（2）建立受教者的自信。

（3）让受教者发挥自己的潜能。

建立自信和让组员自发地学习是领导的重要范畴。有些人会欣然接受更多的责任，这当然不成问题。但是对于那些一直逃避额外责任的人来说呢？你必须清楚地让他们知道你葫芦里卖的是什么药，然后尽快让他们先尝尝成功的滋味（记住：我们大多数人都只接收得到我们最喜欢的广播频率——“非我不可”电台）。有些员工会拒绝接受新的任务，因为他们不太确定自己能不能胜任。这种时候你就必须用渐进的方法让他们参与整个活动，通过很简单的步骤让他们轻松完成每一个阶段，享受那种成就感。接下来，你要点出他们跟以前比起来已经进步很多了，然后用奖励来表示你对他们有信心：“我知道你可以把你领导的才能贡献给这个团队。还记得你上个月在赔偿金核算计划里做得多好吗？”但是在其他的案例里，你也可以在赋予他们额外的任务之前，先让你的组员接受一些正式或非正式的训练。

如何当个教练

步骤1：取得大家的共识

首先，你和你的“受教者”必须先在每个人应尽的责任上取得共识。顺便一提的是，这些步骤已事先假设你们所做的企划代表着你某方面的强项，你闭着眼睛也会做的事，也代表着你的受教者某方面的弱点，是他必须加强的地方。一旦他学会了以后，你就可以把肩头上的重担分一点让他来扛。当然，很多领导者会犹豫到底要不要用这种方法来训练他们的员工，因为他们都会说：“哪有那种美国时间！”其实他们最怕的是他们的员工会“青出于蓝”（你说呢）！而事实莫过于此。

步骤2：彼此领会到你们的目标和期待的结果

我把这个步骤称为：为你们的“目标”下定义。你们常常会达不到想要的结果，因为你的受教者不知道你一开始到底想要达到什么样的目标。当你先做好这一步的时候，你们彼此都将知道什么时候该做，在什么地方做，要做什么，要怎么做。我要强调一下：你必须设立一个高标准，因为这样能决定你的团队会有多成功。这么做的理由是从长远来看，你将会得到你所期待，衡量，及跟你能够接受的品质和表现（喔，这真的很复杂，不是吗）！这真的可行，因为研究表明，3/4 的员工在职场上并没有完全发挥自己的潜能。

步骤 3：诱导大家发现自我

这就是教练与枪手的差别，也是一个领导者最艰难的任务，特别是对于那些习惯教别人怎么做的领导者。你必须：

- 主动倾听——听出话中的含义，而不只是字面上的意义。你必须静下来，少讲一点话（或者可能少讲很多话）才能做到这点。记住，一个人有两个耳朵，却只有一张嘴巴，一定是有原因的。我们可能天生该听的话应该要比该讲的话多一倍，特别是在当教练的时候。
- 帮助你的受教者想通他所要经历的过程和结果，这表示他自己必须要动脑筋才行。“你这样做会带来什么样的结果?”请记住：你的角色是要协助他们思考，而不是替他们思考。
- 分享你成功和失败的经验，你的受教者会从这两种经验里学习。大部分的领导者会犹豫到底要不要分享自己惨痛的经验，但是，分享自己失败的经验——特别是那些你捅过的大娄子——对你的受教者特别有用。这让你变成一个更人性化的教练，帮你从神龛上给自己台阶下，也允许你的受教者不需要做到十全十美——因为没有人是完美的。

步骤 4：承认你们的限制

如果你已经认识到，也在实践一个组织共有的文化——你的任务、你的理念、你的核心价值——你就差不多完成步骤 4 了（如果你不知道我在说什么，就把第 11 章重新读一读吧）！总之，你工作的哲学反映出你公司上下彼此领悟到的共识和限制，它们是你和员工的“黄金准则”。当然，你必须做一些口头上的补充说明，好让你的受教者知道你的“地雷”在哪里。你也可能会想要去定义自己需要知道的细节和回报的进度，例如你想要你的员工用口头或是书面的形式向你报告。

步骤 5：授权和释权

要做到这一点，你的员工必须有权力去为自己的行动负责，我把这个称做“把缰绳交给你的员工”。这还包括适当地运用你的权力，好让事情顺利进行，而且千万不要在这里却步。如果连每个丽嘉饭店（Ritz Carlton hotels）的员工都能有 2000 美元的机动权力来解决客服的问题，你还有什么借口不让你的员工这么做？要做到这样，你必须学习放手的艺术，我指的是真的放手，下放权力让你的属下做事。你知道，如果你的员工做什么事，有任何异动都要来跟你报告的话，他们真的很难从工作中学习到任何事，他们会把所有的时间都花在跟着你跑，而不是在做自己的工作。换句话说，你必须跟你的员工说，在什么程度之内是他们可以自行决定的，然后让他们用自己的方法来做事。

要达到这种地步，对那些让人闻风丧胆、坚持完美的领导者来说是格外地困难（我以前就尝过这种苦头）。当他们看到事情不对劲的时候，他们直觉地想要马上揪出问题。但是，最好还是让员工从自己的错误中学习。你或许会这样反驳："就让他们错下去，不告诉他们错在哪里吗？"是的，这就是我要说的。"从头到尾，不管结果怎么样？"并非如此，而这就是为什么一个逆向思维领导者必须先从艺术的角度出发，然后再从科学的角度来探讨。你必须做一个风险—收益衡量表，这是内科医生在开处方的时候都会做的事，他们要先衡量这个药剂的成效和病人服药后所承担的风险。你在决定要放多少缰绳给你的组员的时候，也必须先有相同的考虑。

步骤6：摘要和事实测验

这个步骤的目的是要加强沟通的精确度。如果这是个很重要的企划，你就要让你的受教者用自己的话来陈述你们两个到目前为止已经有的共识。要做到这样的好方法就是跟他说："珍，就你所知，这对我们来说是一个很重要的企划。你可不可以把你到我们下一次会面期间要实现的目标再简述一次。"假设你们已经在唱同一个调子了，你就可以往下一个步骤前进。

步骤7：跟上员工的进度

这个步骤是要确保你没有遗漏任何事，尤其在你第一次当教练的时候。在这种情况下，你会想要记下你的受教者答应完成任务的时间，还有让你即时知道的事情的进度。只要做到这样，就可以当个旁观者——是的，当个真正的旁观者。而且，不管你做什么，不要——让我再强调一次——不要干涉你的员工。现在，你可以看着你的组员如何成长学习，然后观察他们的表现和生产力方面的突破性进展。

步骤8：庆祝、奖赏和认可

你的受教者已经圆满完成他的任务，所以你可以去做所有的经理都会做的事——惩罚他。喂！不要搞错了，至少给我一分钟解释一下。我指的是大多数的经理——好啦，你除外。总之，你是个逆向思维领导者，只有你才知道谁是真正的“大内高手”，而且他们也会因此接到各种他们手头上正在进行的案子之外的企划，这就是只有大内高手才有而其他人没有的“惩罚”。所以，步骤8——庆祝、奖赏和认可——就变得格外地重要，因为你必须认可一件做得不错的工作，依照事情的难度来衡量奖赏的程度。大工程，大奖赏——我知道你已经跟上我的思维模式了，而且你的奖赏一定要尽可能地人尽皆知（如果你觉得这很陌生的话，请看第15章）。

博君一笑

从员工手册里摘录：

私人日

每个员工1年里都会有104天私人日——他们称它为星期六和星期日。

管理小措施

- ⊙ 你在交付员工一个企划方案的时候，跟他们解释原因，让他们自己去想方法，然后不要挡他们的路。
- ⊙ 让你的员工拥有比你想像中更大的权力。你释出愈多的任务，你反而握有愈大的权力，也变得愈有效率。甚者，这才是你让员工成长的惟一方法。你的员工成长得愈多，你成长的空间也愈大。
- ⊙ 让别人有参与感，尤其是在工作对他们有直接影响的时候，像是停车位、培训的机会、工作进度，甚至是他们的薪水——信不信由你。
- ⊙ 减少这个月50%的规定和复核流程。持续精简作业流程，直到你觉得少到不能再少为止。觉得自己没有当家的感觉吗？那就开始定规定吧。没有什么比让员工觉得自己无法圆满完成任务更令人郁闷的事了。而这些作业流程正好可以挡住他们的成功之路。
- ⊙ 如果你的员工来到你面前，希望你能做一个决定，你就问他："你怎么想？"然后叫他回去自己想解决的方案，只要这个方案不会对客户造成伤害，破坏公司商誉，或是比你自己能承担的责任更大就行。

17

“顾客满意”可不是句口号

服务是一种日复一日、运作不断、永不停息、锲而不舍、再接再厉、体恤别人的活动。

——莱昂·戈曼（Leon Gorman）

你认为客户的满意度是生意成功的关键！是的，那的确是达到某一种程度的门票，但是却不会保证你一定赢。为了展现这一点，我请我的研讨会成员想一想他们最近接触过的客服案例（你呢？你记得的案子是什么?）人们只会记得极端的事情——像是把事情搞砸的客服人员，或是提供超出我们想像的服务的人。这表示，很少人会记得那些只让他们满意的客服人员；也就是说，只有在你和你的团队不断地尝试超越顾客的期待，才能让顾客记得你们的服务和你的公司，要不然，你完全无法引起他们的注意力。如果他们很快就忘记你的话，他们的朋友、家人，或认识的人需要你提供类似的服务时，他们也不会想到你。而且当他们再也不会想到你的时候，你很快就会知道自己影响力的底线了。

这话怎么说呢？根据分析 1500 位 PNC 银行的客户行为的研究指出，只有在客户觉得他们“非常满意”（满意度最高）的时候，他们愿意跟银行维持的交易量会超出那些只觉得“满意”的客户的 20% 。你难道不希望你的客户能够增加比现在多 20% 的交易量吗?

研究者同时也比较了在 PNC 400 个分行中，不同程度的满意度所造成的影响力和收益成效。排名前 15% 的分行也是让最多客户觉得“非常满意”的，排在中间的分行有 70% 觉得服务适当的客户，排名最后 15% 的分行也是最少客户会觉得“非常满意”

的。让我们再来看看平均每个员工的收益成效——这也是银行收益的指标。研究者发现，客户满意度最高的分行比其他分行的平均收益多了23%，排名在中间的分行比平均额少了3%，而排名最后的比平均额少了9%。你觉得你要怎么做才能多出平均23%的收益呢？

研究者做了这样的结论：那些表现出非常满意的客户，就经济层面来看，比那些只觉得满意的客户来得更有吸引力。而一个持续维持高满意度的客户，将随着时间持续地增加他在经济上对公司的吸引力。

让客户惊叹的 AquaGuard

问题在于，要怎么样超出顾客的期待？答案就是，试着让每一个客人惊叹一声“哇”！你可以先去看看你的对手在做什么事，然后想一些跟他们不一样的招数（这也是本书一直在讲的一个主题）。在这里我要举的例子是马里兰的 AquaGuard——一家解决防水问题的公司。他们靠着积极的客户服务达到了惊人的业绩增长，在客服满意度一向不高的防水业里打出了一记漂亮的全垒打。公司里的每一个人都清楚地知道公司的目标：“追求无可匹敌的客户满意度，同时也要记着提供最高品质、最新颖的雨衣让大家达到‘心领神会’的境界。”为了要达到这个目标，公司向每一个经销商提供一份声明，希望业务员不要因为业绩而强迫客户一定要买这个买那个。事实上，业务员反而会劝每一个想买公司产品的客户先跟工程部门的人，和已经买过 AquaGuard 产品的客户谈过以后，再决定要不要购买公司的产品。这是第1个惊叹！打电话给客户的工程师是从提供咨询的角度出发，而不是出于业绩压力。如果帮客户安装一条管线可以让这些顾客度过即将来临的暴风雨的话，工程人员就会帮忙安装——而且是免费的！这是第2个惊叹！另一方面，如果客户需要防水的服务，公司也会提供比其他公司便宜很多的估价服务。

在受过客服训练的工程人员几天友善的咨询服务以后，AquaGuard的业务员会打电话给客户，确定客户是否对目前的服务质量感到满意。业务员也会问一些其他的问题来确定公司的客服策略是否有效，并将客户的满意度跟服务人员的表现做一个比较。这是第3个惊叹！如果客户觉得不满意的话，AquaGuard会欣然——而且是真心诚意地——帮客户解决问题，直到他们满意为止。这是第4个惊叹！这实在是不太可能，但却真的发生了，而且还是在防水业里，完全跟客户想像中的二手车销售员不一样。客户还会在工程结束，第一次遇到暴雨后接到AquaGuard的电话，问他们的防水工程有没有疏漏的地方，他们家是不是还能保持干燥。这实在是令人不敢相信！客户们完全不敢相信，急着把这种惊喜告诉他们的邻居、亲戚和朋友。这就是AquaGuard每一个员工都熟知的远程目标和愿景：持续地让客户有惊喜的感觉，进而成为大家看待防水工业的标杆。简单地说，对AquaGuard来说，大家口耳相传的好名声才是最有力，也最有效的广告方法。这不管在哪一行都一样，比任何业绩都还要重要。

这个策略对公司来说到底有没有什么好处呢？我让你自己来评判吧！虽然AquaGuard在1997年撤销了他们的电话销售部门，因为那个部门无法跟上公司整体的规划和理念，但是跟1998年比起来，2002 年全公司的业绩增长了 62.5%，减少了 20% 的员工成本和 75% 的广告费用，总共省下了 42% 的成本费用。公司被人们提到的介绍率以每年 305% 的速度成长，而且公司的毛利也增加了——你准备好了吗——240%。这就是我觉得“哇”的结果！

如果你也想达到这种成果，现在就开始行动吧！想出一套以客服为中点的公司文化，向每一个同仁解释你对大家的期望（让客户惊叹不已地说一声“哇”）！提供员工各种教育训练的机会，让他们握有可以让顾客惊叹的主导权，积极地去衡量客户满意度和员工报酬的评比，看看有什么进步的空间。这会让你的业绩增长吗？毫无疑问！总而言之，有很多客服人员可以让顾客满意，但是很少人能让客户惊叹一声“哇”！

天空的比萨：如何从失败的客服中学习

我真不敢相信！我要回华盛顿／达利斯（Washington/Dulles）的班机居然提早了。但是，我好像漏掉了什么。我有一个忙坏了，但是又很充实的一天，早上 5 点 30 分起床，在纽约的罗彻斯特（Rochester）为世界上最大的一家罐头蔬菜商的一个案子做了一个很不错的开场白，然后在中午的时候参加了一个紧凑的业绩研讨会。一整天都很完美。我不想太招摇，但是我两场演讲的听众在结束的时候都起身鼓掌，而且在我抵达罗彻斯特机场，在飞机起飞的半个小时前，我简直不敢相信我居然听到广播人员说：“林克博士，您可以登机了。您可以比预计的时间早半个小时抵达华盛顿／达利斯。”我仿佛听到了天籁之音，因为我已经在外头跑了好几天，恨不得快一点回到自己的床上好好睡一觉。

所以我拿了自己的麦当劳食品，赶着登机。正当我搭乘的UA 7578 班机要起飞的时候，班机的门又打开了，空服人员跟我们说：“各位先生、女士，我们有一个坏消息，我们必须请您暂时离开班机，先回到候机室，等到晚上 6 点半之后，我们的班机就会起飞，并会帮您做机位升等的服务。”

我们听到广播就下机了。这对我来说没什么，因为，这让我有时间可以在候机室，而不是在摇摇晃晃的机位上吃完我冷掉的麦当劳不快乐餐。但是，其他几个乘客就不是这样了，因为UA7578 班机本来应该在下午 3 点 30 分起飞的。

大约 6 点的时候，工作人员告知我们必须等到 6 点 50 分才能起飞。时间快到的时候，他们请我们登机，并说会立刻起飞。你猜结果怎么样？其实也不是那么“立刻”啦，我们 7 点左右准备起飞的时候，机长又告诉我们必须“再等一等”。我们起飞的时间很明显是因为达利斯持续的雷雨而一直延误。我是无所谓啦，反正我还可以继续完成我的工作。但是，有些旅客，尤其是需要转机的，就开始很不高兴。最后，到了 7 点 25 分的时候，我们终于听到登机的广播——准备在 65 分钟之后从罗彻斯特回到华盛顿／达利斯。

在我们飞行了 90 分钟以后，机长说我们暂时要先在原地盘旋一阵子，因为华盛顿气候状况的关系。机长真的很同情我们的状况，甚至告诉了我们一些“我们不需要知道的事”。他真的对这个误点事件感到很抱歉；此外，有一个年轻的空姐——艾美——展现了无比的服务热诚和活力（多么难得啊）！她不厌其烦地回答所有旅客的问题，处理很多事情，也让整趟旅程没有实际上那么糟！她甚至还提供乘客免费的啤酒和红酒。在那个不甚友善的天空盘旋了大概2个半小时之后，机长告诉我们燃油不够了，所以必须迫降在弗吉尼亚州的夏洛城（Charlottesville）加油。我们抵达夏洛城的时候，已经差不多10点半了。他们又一次要求我们下飞机，好让我们坐得舒服一点。候机室跟小小的机位比起来的确是好多了，可惜夏洛城夜间并不开放。我们就这样被困在候机室，惟一开放的就是厕所。又等了50分钟之后，我们又重新登机，机长说他好不容易抓到了一个机会，叫我们要赶快。等大家都系好安全带之后，机长又跟我们起飞条件还不具备，所以，我们又必须再一次地下飞机。那个时候已经是午夜了，而且有些乘客——像是一个带着6岁儿子的妈妈——已经旅行了18个小时。

在我们下飞机的时候，机长简单地向我们报告整个情况，并向我们保证机舱的工作人员跟乘客一样想赶快回到家，但是他也不能给我们一些喘口气的时间，要不然他也很想安排我们到机场旅馆先休息一个晚上。除了那个带着6岁儿子的妈妈以外，每一个乘客都殷切期盼着奇迹出现。但是，奇迹却出现在艾美身上。她用雀跃的语调告诉大家，她为我们叫了比萨（pizza）和可乐外卖，再35分钟就会到，还跟我们说我们的要求一定会优先处理。接着她拿起比萨和饮料，很开心地跟我们说："让我来为大家服务吧！"虽然时间已经很晚了，她仍然帮大家选好每个人喜欢的口味，而且还是维持着服务的热诚。她让我们有一种置身球赛而不是候机室的感觉。就算她把整个比萨弄翻了，她还是在14分钟内让所有人拿到了她的比萨。当我们终于抵达华盛顿时，已经是半夜1点以后，但每个乘客还是称赞空服人员做得不错。让我来提醒你一下，本来应该在1个小时内就可以从罗彻斯特到华盛顿的，大家却花了9个半小时才到，但是大家却愿意称赞工作人员的表现。

你从这个故事里学到了什么？其实你不用担心客服有差错，哪一个行业不会出差错。这些小错误并不会让你流失客户，但是，研究结果显示：不满意的客户话特别多。他们习惯跟所有人——平均是21个人——告知他们不愉快的经验。不幸的是，这样会有损大家对你公司的好评，也会有损你们最有效的广告。这将会造成你莫大的损失，因为你必须要多花5倍的力气来挽回目前现有的顾客，而且你有25%～85%的顾客是从你现在的顾客中获得的。

博君一笑

在用餐时间，空服人员询问旅客是否需要用晚餐。“我有什么样的选择？”旅客问。“你可以选择要或不要！”空服人员回答。

管理小措施

- 只雇用有服务精神的员工。换句话说，在招聘人工的时候要注意到他们是否积极，热情，有同情心，抗压性强，足智多谋，有干劲，有创意。
- 用对待赢家、成年人和你自己的团队的方式来对待所有的员工。在丽嘉饭店，经理会告诉员工：“我们是服务淑女和绅士的淑女和绅士。”永远不要忘记你长远的目标是什么。

⊙ 让新来的团队成员去做一些易懂而有趣的企划。我们打开天窗说亮话吧！如果你把员工都当成蘑菇的话，哪有人能一直维持在巅峰状态。

⊙ 提供员工持续不断且跟他们从事的工作有关的职业培训进修机会。如果你不这样做的话，你的员工将会离你而去，因为他们知道如果自己没有再学习，再进步的话，他们将会落于人后，终将面临事业危机。

⊙ 为员工的留住而庆祝。你不可能一直维持一个很高的员工流动率（若想知道员工流动的真正损失，请看第 10 章）。

⊙ 谨守内部升迁的政策。拉你的员工一把，他们在往后的日子才会愿意跟着你。

⊙ 搜集和公开顾客满意程度的细节，而且要做到让员工都了解这些细节的意义。尽可能地使用大家都懂的图表和表格，跟数字比起来，每一个人都比较愿意看图片。

⊙ 要让工作酬劳与表现紧密结合。让客服满意度最佳的员工得到与其他公司稍有不同的待遇。

⊙ 好好地犒劳客服冠军。在你犒劳他的同时，一定还要讲述他怎么让客户有惊喜的感觉，如何做到超出客户想像的服务。这会让其他的员工抓到客服的重心。

⊙ 用你坚强的意志力来告诉下属，要往对的方向走，这将会建立员工的自我认同。而且只有你的员工觉得自己的表现为公司、同事和领导带来正面的影响时，他们才能持续维持对客户的热情。

⊙ 让客服变得更有趣！记住：事情有趣，才做得下去！

18

裁员不是办法

裁员不会让你赚钱。

——沃尔夫·J. 林克

事实摆在眼前：如果以长期获利作为成功的标准，裁员一点用也没有——至少在7成的例子里都是如此。为什么？因为你的竞争力来自你的员工，而不是来自送他们回家喝西北风。那么，这些高层主管又为何如此着迷于裁员，人力最佳化，或说是同归于尽？

举例来说，根据美国劳工部劳工统计局（U.S. Department of Labor, Bureau of Labor Statistics）的大规模裁员数据显示，在2002年，大中型公司总共裁了200万名劳工，大约是每2万名中平均有100名（这个是大手笔）。再看看现今的失业数据，情况仍继续恶化。为什么这波裁员潮看来如此方兴未艾？以下是我的3大解释：（1）赶潮流——嘿，其他人都这么做，所以这样一定有效。（2）会让资产负债表好看点，至少短期之内如此——重点在于“短期”二字。（3）对高层主管和顾问而言，这方法太诱人了。高层主管的报酬通常与企业财务报表密不可分，而且许多顾问的专长正是裁员（我假设你有个相当有效的表现管理系统，可以定期筛选出不及格的员工。对我而言，这不是裁员，而是好的人力资源管理方法）。

你不可能期待在提出要员工离开的要求之后，他们还能维持高生产力。更惨的是，多数公司都是买高卖低。他们在产品需求低的淡季裁员，这通常也是人力市场饱和，薪资成本较低的时期。等到需求高涨的旺季，他们又开始大肆网罗人才，那通常也是人才较少，薪资成本较高的时候。有鉴于平均大概要 1 到 1 年半的时间才能取代一位一般员工，因此很明显地，你应该要利用淡季教育、训练、培养你最有价值的员工，而不是要他们走人；这样一旦需求回升（通常都会），你的公司才能抓住时机。你抗议说，我的业务摇摇欲坠，我的获利走下坡，我惟一能做的就是大规模裁员。错！事实上，裁员或许正是你最不想要做的事，理由如下：

你曾经观察过员工在台风天里的工作情况吗？他们全都在听收音机，收看新闻气象报道，看着窗外的风雨变化，然后打电话给挚爱的家人，询问该走哪条路回家最安全。简而言之，他们完全没把心思花在工作上。在大规模裁员期间，你也会看到同样的情形：员工开始四处打听，在茶水间逗留许久，不断地发送电子邮件想找出是谁被解雇了。此外，每个人变得谨小慎微，只做安全范围内的事情。再者，你最优秀的下属很可能已经开始修改履历，准备另谋发展。结果，你的组织笼罩在一片乌云中，更加降低了你的生产力与获利能力。在企业艰难的时期里，你最不想见到的情况莫过于此。而你其实有更好的选择。

不用裁员也能增加获利的 7 大妙方

1. 让员工替企业瘦身

这种事我屡见不鲜。事实上，就在 2 个星期前，我的一位客户强也遇到了同样的事。强在某家高科技公司担任资讯科技副总裁，管理着450名员工；高层要他裁减70名全日制（Full Time Equivalents，FTE）员工。我问强，他能否提出可以达到相对成本缩减的其他办法时，他告诉我，高层的回答是“不”！我不懂，为什么多数的高层主管总是缺少能够维持士气，增进表现与获利，同时缩减成本的最有利策略？你该怎么做？方法很简单，你必须让团队成员也参加进来。

缩减成本是改进公司获利最好、最迅速的方式，这也是为什么多数经理人一遇到经营困难时就想要裁员。毕竟，对多数公司而言，人员支出是最大的开销。然而，裁员不会让你赚钱。你应该要做的，是让员工也加入你的省钱大会战。

你应该公开宣布企业正面临的挑战，告诉员工，裁员绝对是最后手段，而你更希望借用员工的创意替企业省钱。方法之一，是在每个事业部门成立“精打细算小组”，再替每个小组设定节减成本的目标。告诉他们，在不影响团队任务、愿景、核心价值的实现，及对超大综合目标（HOG）参与度的情况下，没有什么是不能开刀的。在24小时之内针对呈交的建议作出回应，并尽快审核执行。你还可以来个“精打细算大赛”，把大奖颁给最好的省钱点子。让每件事情都公开，盛大庆祝有用的点子；接着你将会发现，成本节俭的程度远超过你的想像。

2. 让员工看见你

让员工看见你，同时也能接触到你，有助于降低谣言散播，同时确保员工在不确定时期能够多花点心思在工作上，少点八卦。此外，采取“坐着不动”管理法，是没办法找到问题的解决方法。要求解药，至少得花66%的时间和那些可以帮助你解决问题的人——你的员工与客户——在一起。因此，这是你培养“走动式管理”的最佳时机，它将是你最有利的武器。现在开始，每个星期预留时间给走动式管理（如果你心存怀疑，那么让我告诉你，研究已经明显指出，把重心放在员工而非工作上的领袖，通常更具生产力）！

3. 找回失去的客户

这也是让员工与客户联络的最佳时机，特别是那些你最重视的客户——你的尊贵客户——找出持续超越他们期待的方法（参见第17章）。而且，既然业务清淡，表示员工也不忙，正好可以让他们与失去的客户——也就是过去1年没有往来的客户——重新搭上线。让团队成员问问这些客户，要怎么样才可能和他们重新搭起生意的桥梁。之后马上采取行动，你的业务将会蒸蒸日上。

4. 改进训练

你没看错，你应该要多做点训练。我知道，在业绩不佳时，教育训练与培训通常是第一个被腰斩的对象。但请想一想，这波及以后的每一次衰退，都有反弹的时候；当时机到来，你会希望自己的员工已经蓄势待发，等着抓住回升的时机。此外，有鉴于员工不忙，因此这时也是重新训练与跨部门训练的最佳时机。如果，你的公司和我指导过的多数公司一样，那么你一定没有足够的训练。根据美国训练与培训协会（American Society for Training and Development）的数据，2001 年全美国所有产业花在培训上的支出，平均每位符合资格的员工仅有 761 美元，相当于薪资的 1.9%，或是每年 23.7 小时的工时。

事实上，这里没有什么魔术可言，只不过再次证明常识的问题就在于，它未必如此广为人知：如果你想要马儿跑得快，你得让马儿多吃草。想想看，现今的竞争愈演愈烈，教育、训练、培养你的团队成员，长期来说不仅具有成本效益，而且能确保组织拥有一群忠心耿耿的劳动力，能接受你的组织文化与哲学。

5. 把感谢挂在嘴边

在共患难的时期，你得要有一套强而有力的策略来打击负面消息。最佳方式莫过于执行感谢管理（management by appreciation，MBA），而不是批评管理（management by exception，MBE）。你可以开始把注意力集中在找出员工把事情做对的案例，之后尽可能公告于众（请参考我的著作《赢家管理》）。

6. 提拔人才为上策

如果你想让自己更有分量，你一定要精通下放权力的艺术。如果你紧抓着不放，你这不是在提拔人才。要做到这点，你得先自问："我像个教练，或是更像警察？"，并因此改善你的行为。此外，你也要练习尽可能把决策权下放，这是让下属学习新技巧，成为更有效的决策者的时刻。所以，请在旁指引他们的成长（细节请参见第 16 章）。

7. 以身作则

如果你非裁员不可，请务必确保自己以身作则，让整个领导团队也跟着大幅减薪，比例相当于裁员的幅度。没有什么比裁去全公司一定比例的员工，但领导阶层却无须做出任何牺牲更具有讽刺性的。这样太没道理了，特别是当美国高层主管的薪资是第一线员工的411倍——比1990年的85倍还要高出许多，而业务表现——不管衡量方式为何——却一直持续下滑时。

举例来说，2002年首席执行官薪资的平均数是1320万美元，较2001年增加14%，但同时期标准普尔500指数（Standard & Poor's 500 Index）却下跌22.1%。首席执行官的薪资不是根据表现而来，而是根据其“无为”而来。事实上，《财富》杂志的结论是，首席执行官的薪资，只和“薪资委员会成员的正职工作——通常是其他公司的首席执行官——能赚多少”有关。

在你真的要进行强制裁员时，请先利用自愿系统，如遇缺不补和提早退休。如果这样还是不够，请试试其他有创意的方法，如暂停雇用、冻结薪资、缩短工作周数、限制加班、无薪休假、暂时关闭工厂或办公室，或是任何可以想到的策略。

5个“小”裁员的方法

1. 转换工作

如果你把员工转换到另外一个职位、部门或是工作地点，或许能让你继续留住他们。但请务必在宣布裁员之前先公布这样的转职信息，让员工知道如果他们换个职务或工作地点，就可能免于被裁员。

2. 建立联盟

如果裁员不可避免，请与其他组织建立伙伴关系。举例来说，当埃莫历航空公司（Emery Worldwide Airline）决定要裁减全国7000名员工时，它与美国邮政公司（U. S. Postal Service）结盟，让美国邮政公司雇用许多被裁减的员工。这是个多赢的局面。航空公司实现强制裁员的目标，但又无须支付再就业服务与失业支出；员工还是有工作可以做，许多人还是留在同样的位置上；而美国邮政更是得到许多训练有素的员工。

3. 减薪

与其裁减特定比例的人力，你不妨裁减全公司的薪资或是工作时数，以达到节减成本的目的。许多员工都宁可采用这个方式。举例来说，土星汽车公司（Saturn）的工会就投票通过，每周减少4小时的工时，以避免全国性的裁员。这个方法可以兼顾相关的三方。此外，在业绩回升的时候，这些精良的员工可以随时回归到每周40个小时的工作流程。附带一提，高阶层管也应该要进行同等的减薪或缩减工时，而不要像全美航空（US Airway）的执行官大卫·席格（David Siegel），他大笔缩减了航空公司员工的薪资与福利，自己却获得145万美元的薪资与红利，几乎是前任首席执行官1年所得的2倍。

4. 鼓励阶段性退休

与完全退休相比，你应该鼓励员工接受阶段性退休方案，让员工有机会在特定的时间里，逐渐缩减工时与薪资。少了这些经验老练的员工，可能会带来无数个你不想要的后果。举例来说，当哥伦比亚特区（District of Columbia）政府裁减大约3000名员工后，累计的经验也随之而去，其中包括一位负责病毒检验的电脑资讯服务经理。结果，特区政府遭遇了大规模的系统死机，损失难以估计。阶段性退休让组织依旧能够继续利用员工的知识，降低劳动成本，同时也能留住员工的忠诚与职位。

5. 提供提早退休与自愿契约选择

这个方法的好处在于，提早退休通常能鼓励较高薪的员工提早离职。坏处在于，你将会损失最有经验的团队成员。然而，比起全面性的强制裁员，这仍旧不失为一个较好的办法。

如果你还需要更多，请选择特定对象，主要集中在附加价值最低的员工上，同时降低对整个组织的影响到最小程度。而且在你实现既定的人力成本削减后，要立刻开始与留下来的员工沟通，让他们获得承诺与安全感。同时也要找出这些员工需要怎样的训练，才能够接上被裁员员工的工作，维持生产力。之后开始有策略地通过以下4种方式，来改变你的人力资源模型，以避免未来再发生需要强制裁员的情况。

避免未来裁员的 4 种方法

1. 实行有效的绩效表现管理系统

你的员工是你需要分配的资产，而不是要裁减的成本。这也正是你需要经常衡量营运计划与员工绩效表现的原因，以确保人员与组织的要求相互配合，及所有员工都能带来附加价值。每年你至少得有两次时间来找出组织里的 A、B、C 三级员工，好让你能提供 A 级员工——这些是你的“得力助手”——更多挑战，并持续提供 B 级员工——表现普通者——教育训练，帮助他们将能力发挥到极致。至于 C 级员工——表现不良或差强人意者，他们并未带来太多价值，而且也没有兴趣，或无法让自己晋升到 B 级员工之列，因此你得要求他们离开［这样最终你和员工两方都会更快乐，也更有生产力，请参见我的文章《被裁员是天上掉下来的礼物》（*Getting fired is the best thing that can happen to you*）］。如果你能以这样的方式积极管理人力，你未来将不会那么需要裁员。

2. 建立以绩效表现为标准的报酬系统

设计良好的绩效表现报酬系统是由一个相对较少的底薪加上绩效表现奖励而组成；把这样的报酬系统和个人、团队与组织的绩效表现连在一起，可以让你的人力成本与组织表现相互呼应，同时减少全面裁员的机会。这类系统的绝佳范例是美国钢铁大厂纽科公司（Nucor Corporation），其第一线员工以20～40人的自治小组为工作团队，并拥有以下的报酬方案：

- 其每小时底薪较产业平均略低25%～33%。
- 针对达到与超越产量目标的团队，每周发给相当于底薪80%～200%的红利。
- 迟到5分钟以上的员工将损失当天的红利，迟到30分钟以上的员工将损失当周的红利。
- 质量不良的退货将使红利相对缩减。

结果，纽科的产量是竞争对手的2倍以上，而且纽科生产1吨的钢只要45分钟，其他对手则需要3个小时。纽科员工的实得薪资也比业内其他员工多出60%。

3. 营造企业家文化

在全球竞争白热化的年代，这个策略绝对有其必要。让员工认为他们拥有终生雇用的保证，是不合理的；同样，期待团队成员能永远维持忠诚，也是不合理的。企业家文化代表双方是伙伴关系，雇主提供员工应用技巧、才能的机会，而员工若能达到特定目标，替企业带来附加价值与营业收入，便能因此获得报酬。要确保这样的伙伴关系能持续让双方都受益，身为领导者的你得提供团队成员大量的机会，让他们能成长并完成目标，如此一来他们的生产力也会提升，他们将自己成功推广到其他组织的能力也会随之增加，这让你的团队成员更有向心力。当这段关系对双方都不再有报酬或利润可言时，伙伴关系也不复存在，这时企业家便会另谋出路，继续成长。

4. 大量利用即时员工

日趋残酷的竞争现况，会让你需要善用更多的顾问、独立约聘人员、临时雇员及委外——一种即时人力，让你可以根据现有需求雇用更多人员。以哈钦森技术公司 Hutchinson Technology 为例，它在威斯康星州的硬碟零件工厂里，有 20% 的人力为兼职或临时员工。此外，当公司产品需求上扬时——情况不太常发生——全职员工需要加班，让公司运作更有弹性，维持最佳竞争力。

☺ 博君一笑

政府研究显示，对 93% 的劳动人口而言，7% 的失业率是可以接受的。

管理小措施

⊙ 本章满是管理小措施，赶快让它们派上用场吧！

19

掌控时间

时间像条橡皮筋。不管你的时间多或少，你都会把每件要做的事做好。

——沃尔夫·J. 林克（Wolf J. Rinke）

19 掌控时间

多数经理人的生产力都很低。为什么？因为他们花太多时间处理急事。灭火或许是消防队员的关键技能，但是这只会让你成为小联盟里的鸡首。最近我正替9位来自国际公司的资深经理人进行教练课程。这批人的共同点在于，他们全都有成堆的事情要处理；他们平均每天工作10～12个小时，而且他们的“电子脐带”——呼机、PDA、移动电话——全年无休，从不关机，就连休个假都是少有的事。那么，问题在哪里？

其中最大的问题在于，他们总是处于连线状态，每封电子邮件、每个电话，都成了必须即刻回复的急电。急电持续涌入，一件比一件急。不知不觉中，一天就这么过去了，没有时间思考，也没有时间着手处理会影响营业收入的重大项目。

简而言之，他们没什么能力控制自己第二珍贵的资源——而且这是种买不来、借不得、租不到、雇不到、制造不出的资源。它不像人力，聘用也得不到；它不像设备，不能升级；此外，我们也无法多制造一点。它的珍贵之处在于，我们所做的每件事情，都少不了它，而且它完全会耗损，还绝对无法取代。事实上，惟一比它还要珍贵的，是我们的健康。这个珍贵的商品是什么？它就是时间。

所以，让我们看看你能如何更有效地控制自己的时间。想想，“时间管理”其实是个误称。我们每个人每天都有24小时；

你管理得再好，还是只有24小时。因此，与其说是管理时间，不如说我们要管理和排出优先顺序的，是这24小时里的活动：把要事办妥（请再读一次，这是个重要概念）。在你否决这个概念前，请先停下来想想，哪件事情是你私人或工作生活中最重要的事。在个人生活中，可能是你的家庭、足球或园艺；在工作上，可能是赚更多钱，受到同事认可，或是获得升迁。现在再想想：你有多久没办法把时间分给这些对你来说是最重要的事？我猜大概经常都是没办法，不是吗？换句话说，多数人都得“挤”一些时间出来做那些他们认为重要的事。我称这个时间管理的方式为“橡皮筋管理法”（rubber band approach）。

以下是你可以用来延伸时间橡皮筋，但又不至于把它弄断的方法。

留出足够的时间

我确信你的工作一定常常被电话、呼机、语音留言、电子邮件、员工和同事打断。对我们多数人而言，不受打扰的时间几乎不存在。我们总是奔波在一个又一个的紧急要求中。时间不是花在做一些重要的事项，像是培训并教练团队成员，或是想出更能满足客户需求的新策略，我们多数人全都忙着“灭火”。但如果你想要做出妥善的决策，解决重要的战略问题，你一定要有足够的时间。因此这个方法的第1步骤，就在于让危机成为“例行公事”。

让危机成为“例行公事”

你一定要学会管理危机——急事——而不是让危机牵制你。要做到这点，你得先“灭火”，但之后你要再多走一步，分析这次的危机。问自己：这里头有模式吗？为什么会发生？未来要怎么避免？可以训练谁在第一时间防范？之后执行你所设计的行动，避免重蹈覆辙。现在我可以听到你说，你实在太忙了，你没有时间做详尽费时的分析。换句话说，你已掉入时间的陷阱。要解套，你一定得开始分析自己是怎么花时间的，摆脱浪费时间的元凶，学着如何留出较长的时间。所以，现在就开始审视你的时间使用配置。

制定关键优先顺序

急事之所以会毁了你一天的工作，理由在于每件事看起来都等不得。这里惟一的解决之道，在于清楚定出你的三大优先事项——我称之为决胜地带（winning-result areas，WRA）（请注意，WRA 同时也代表沃尔夫·J. 林克协会）。这些事情都是决定成败的事项，万一你没做到就会丢官的事。如果你已经定出你的大目标，那么它很有可能就是你的三大优先事项之一。把这三大事项写下来，我有些客户还会把这些写进 PDA 或是笔记本电脑里（如果你不知道自己的决胜地带在哪里，请往下看，我将会告诉你要怎么找)。

如何善用每个 24 小时?

第 1 步:记录时间

你应该至少把 3 ~5 天的时间表记录下来——如果你的工作重复性高,那么 3 天就够,如果不是,那么请记录 5 天的行程。在你完成一个特定任务或活动后,请尽快把时间记下来,而不是等一天过完之后才开始回想。有个简单的方法,是以半个小时为单位把你的活动记在记事本上,不管是纸本还是电子记事本。

第 2 步:分析你的时间分配

现在看看记事本列出的每件任务,问自己几个诊断性的问题。第一个,也是最重要的问题应该是:“如果我完全不做这件事,会怎么样?”

如果回答是“没事”,那么请停止做这件事(超乎意料之外地,这会让你省下相当多的时间)。如果你不能确定,请找出事情的起源,是主管机关的要求,老板的指示,还是客户的建议?回头找出肇始者是否想要你继续,或者这是否仍是某个现有规定里的要求。请注意“要求”与“现有”这两个词,而不是做了也好,或是因为我们一直这么做,更不是因为这是标准作业程序的一环。

如果你想不出起源为何，你也看不出这会对营业收入产生任何正面影响，也请停止做这件事，但请稍加追踪，利用电子记事本提醒自己检查这个决定。假设部门的政策要你每周和主管会面2次。而你带了一个能力非常强的团队，团队领导也能够主持这个会议。当你与团队领导确认时，发现自己不需要亲自主持这个会议。在这个情况下，你可以决定让团队领导主持这个会议。请在记事本上做个标记，2个月后再回来复查一下情况。如果你的老板没说什么，而员工的生产力也依旧维持在较高水平，那么你便替自己争取到一些自由时间。

下一个问题是："这个活动会不会让我更接近我的前三大优先事项?"如果答案是否，那么就别做，当然，除非是老板要求；在这种情况下，它就是你的优先事项，除非你能说服老板。如果答案是能，请进入步骤3。

再下一个问题是："这件事能指派给其他人吗?"如果答案是能，请征询志愿者。如果没有人自告奋勇，请指派某个能从中获得成长的人。如果答案是否，请继续往下读，看看你能怎么处理这件事。

第3步：找出时间模式

下一步，找出你利用时间的模式，好找出留出时间的方法。假设你的3天或5天时间表记录显示，你饱受电话、员工、销售人员和一大堆行政事项，像是批准申请函与其他文件的干扰。这些模式将可以给你一个机会，由此取消类似活动来争取长一点的时间。举例来说，你可以定个政策，让自己只有在特定时间，好比说2点到3点这个时段，才会和厂商联系或是回复一般电话。或者你每天只有在特定时段才回复电子邮件——通常是在回家前——这么一来，你将可以减少花在这些事上的时间。

要排除这类应接不暇的干扰，你或许会想要放弃神圣不可侵犯的开门政策。但如果你能预留一大段时间实行走动式管理，情况将会好很多。长期来说，这可以帮助你更能够回应团队成员的需求，同时帮助你和他们保持联系。其他会议应该要先预约，而且也只在每天或每周的某个时段进行。按照这种方式设定时间，你会发现自己更能专注，同时也会更主动聆听。但现在我要补上一句，到目前为止，我所说的只是一般的例行公事。因为你显然会需要处理一些真的紧急情况。

第4步：将任务分门别类

下一步，是要将你的时间分门别类，好找出你是否把最多时间花在一些琐事上——姑且称之为“不相关的多数”，或是重要任务——决胜地带。要让这个方法更有意义，你必须采用帕累托原则（Pareto principle），也就是所谓的80/20法则。帕累托是意大利经济学家，他主张：80%的重要成果是用20%的时间所完成的。这个现象之所以存在，是因为我们的工作主要可以分成两个类别——决胜地带与“不相关的多数”。“不相关的多数”是那些为了维持运作而必须执行的事项，包括填写表格、参加会议、回复多数的电子邮件等。帕累托预估，这些活动将会用去你80%的时间，而剩下的20%时间，是你可以用于决胜地带的时间。这些事情也正是能够决定你或你的组织能否成为业界龙头的事项，同时也是决定你能否获得升迁或红利的事项，包括打点好客户，培养团队成员，及达成 HOG。

这个方法的威力在于，如果你能够分配多一点时间给决胜地带里的事项，将可实现产量增加。举例来说，多花 1% 的时间在决胜地带里，你将可以完成决胜地带中 4% 的事项。这表示你所投资的时间可享有 400% 的投资回报率，这可是我们多数人梦寐以求的。有鉴于 1% 并不多，因此你应该想想，如果你把 4% 的时间献给决胜地带，会发生什么事。你的成就当然会突飞猛进。

第 5 步：分派你的任务

现在让我们回到你的时间记录表，看看如何分配更多时间执行决胜地带里的事项。如果你现在完成的任务不是时间很短，就是隶属于“不相关的多数”，那么请指派给其他人执行。如果无法下放给其他人，那么就请尽快做完这些事情。因为不管你把这些事情做得有多好，回报率都很低。

短期但相当重要或复杂的任务，很可能就是决胜地带的事项。考虑把这些事情指派给你可以信任的团队成员，或是有潜力、也需要经验来挖掘潜力的团队成员。如果你的团队里没有这样的人才，请自己来。但请累积了一定数量之后再做，这样你在同一个思考模式下将可以处理更多件事情。

如果你现在正在进行的任务需要长时间，也很复杂，这大概就是决胜地带的事项——那些可能带来 400% 回报率的事项。把这些事项指派给那些有能力，更有效率地完成任务的团队成员。

如果没有这样的人才，请自己来。请尽量多花点时间在这上面，如果你觉得不堪重负——很有可能会发生这种情况——请先排出优先顺序，确保你会先执行那些具有最高潜在回报率的事项。要增加你的效能，你会需要一大段时间和一个安静的空间。换句话说，你需要创造一个“时间岛”——一段时间和一个空间，只有真正的紧急事件才需要你处理。请务必在一天当中状况最好的时候处理这些事情。你也可以把这个大项目分成几个较小的完整事项，一次只做其中一项，让自己可以获得多次成就感。

每天都依据待办事项清单行事

“如果你要吃下一头大象，那也得一次咬一口。”我确信你的工作量就像大象一样庞大。如果你想要控制它——而不是让它控制你——你得有张待办事项清单，据此执行你的每日行动，让你更有方向感，更专注。许多领导者之所以效率大减，就是因为他们每天没带着“地图”就去上班了。他们不会问问自己：“我今天完成的那 3 ~ 5 件事，会对营业收入产生重大影响吗?”

因此，每天早上第一件事，或是回家前的最后一件事，就是写下当天或隔天你想要完成的 3 ~ 5 项关键任务。而在每天的工作流程中，特别是当你被打断时，你得回去对照一下清单，确定自己没有被拉走。但要做到这点，需要很强的意志力。因为就如你所知道的，做“不相关的多数”这类事情显然轻松得多。我的策略是，多数时间我都紧跟着清单上的优先事项——直到惹恼我老婆的程度；除非做完这些事，否则不下班。

不管你用什么策略来延伸自己的时间橡皮筋都可以，但它一定要能“强迫”你执行决胜地带的事项，同时规范你完成某件任务后再进行下一件。要知道，你开始了多少项目并不重要，你完成了多少，即便只有一件重要的项目，才是重点。事实上，整天忙碌，或是长时间工作并不代表什么；成果，特别是决胜地带里的事项，才算数。所以，现在就把优先事项列出来，并全力以赴完成任务。别担心那些你没在做的事，或是那些昨天没做完的事，因为昨天已经过去了，再后悔也没办法让你回到过去。

善用 3 分钟原则

这是个能让你延伸时间橡皮筋的系统，而且相当有用！把这个作为指导原则，并保持弹性。我说作为指导原则，是因为最近的一个经验所致。我有位客户刚读完一本管理书籍，试着要遵照作者所写的规则做事。沾沾自喜于自己的成功，他告诉我，他刚刚告诉某位来电问问题的人说，他找到答案后会再回电话给他，好让自己能持续进行手中的大案子。当时我正好写到这一章，因此我问他那是个什么样的问题，结果发现那是个相当简单，可以在电话里解决的事项。当我询问客户，他为什么没有马上处理时，他的理由是，他想留出更多时间，好让自己能够专注于手上的大案子。

在这种情况下，等到我的客户终于找到那位问了简单问题的来电者时，他早就用完了原本留出来的时间。换句话说，理论很少管用，除非你根据你的情况稍加修改，并应用一些常识。为了帮助我的客户，我和他分享了所谓的3分钟原则：一旦被打断，无论如何都要在3分钟之内完成。你会发现，即便这可能会违反某些你学到的原则，但长期来说，你终究能省下许多时间。这个故事的寓意在于，你一定要紧守着企业的营收，并问自己，在考虑所有事情的情况下，哪一个才是长期来说最具成本效益的事，然后尽情延伸你的时间橡皮筋。

博君一笑

所有这些时间管理技巧，总让我想起一幅史考特·史坦提斯（Scott Stantis）的卡通。图里是一个人坐在办公室接电话，他的身旁全是科技产品。那个人对自己说："我有电子邮件、语音留言、传真机、答录机、两条电话线、一部手机、一个电子记事本、一台笔记本电脑和一台台式电脑。问题是，那些我省下来的时间都到哪里去了？"

管理小措施

- 从今天开始，将所有会议时间缩减25%。相信我，你还是会像以前一样把事情做完。
- 任何超过30分钟的会议都应该要以某个特定的议题为准，不管是关于时间、任务或是人力。
- 会议开始与结束都力求准时。如果不能在原订时间内完成，请要求其他小组继续完成，或是把建议带回来在下一次会议里考虑。

⊙ 从明天开始连续几个月，在每个星期选一天来检查自己所做的每件事，并问自己："如果我不做这件事，对企业营收会有影响吗?"如果答案是没差别，就别再做了。

⊙ 在接下来的90天里，每个星期选一件任务并交给团队里的下属。

⊙ 忠实地记录接下来的3~5天你的时间使用情况，并予以分析，找出你可以如何把某些行动：

压缩或是集合在一起，以达到更高效率。

全部放弃。

指派给团队里的其他人。

自动化或是"变成例行公事"。

⊙ 详细审视未来120天的每个危机，并找出解决方案，让危机不再重复发生。如果你没办法想出解决方案，请寻求协助。

⊙ 找出一天当中什么时段是你最有生产力的时刻。把这段时间空下来，至少要把未来21天的行程空出来，好养成一个习惯。接着，利用这段时间来进行你最重要、耗时最久的项目——决胜地带事项。

⊙ 如果你有延误的问题，请把你的优先事项（如果这是个长期计划的话）分成几个不同的区段。预估自己完成每个区段的时间。把你最有生产力的时段留给这件事。在记事本上清楚标示在这段时间内要完成什么事。当时间到了，立刻开始执行，并且让自己专心只做这件事，不要被其他事情所扰，包括回家，直到完成这段工作为止。

⊙ 在未来6个月内，减少所有的政策与手续。每6个月便重复一次这个过程，直到你可以减到最后几件是主管当局所要求，或是被广泛使用的政策与手续（辨别是否为后者的方法在于，看看这些页面是否被反复翻阅，如果没有，那么它们就只是写好看的）。

20

别把自己卖给公司

老鼠赛跑

有人说生命就像一场老鼠赛跑，
他们都想抢第一，
所以愈跑愈快，
想成为一只肥猫；
但即便他们赢了，
他们仍旧只是一只老鼠。

——佚名

《从辉煌到湮灭：聪明执行官为何瞬间垮台?》（*Why Smart Executives Fails*）一书作者席尼·芬克斯坦（Sydney Finklstein）说，即便牺牲奉献似乎是个正面特性——谁不想要公司的领导者对企业完全奉献——但它其实是个障碍，因为那些不成功的领导者都自认是企业的延伸。这种“私人帝国”的思维，导致这些领袖自认为是企业之王，结果他们一心想实现自己的野心抱负，扛下了额外的风险。既然领导与公司之间无界限可言，他们通常会把公库当私库用，而且完全无视于自己操作上的弊病。

泰科的丹尼斯·柯兹洛夫斯基就是个最好的例子。他把公司基金用在自己奢华的生活上，而且觉得这么做一点问题也没有。毕竟，他声称，和他替泰科赚进的财富比较起来，他挪用的公款金额不过是九牛一毛。同样，完全奉献的领导者会把所有时间都分给组织，同时期待每个人都跟他一样。

这让我想起在研讨会中遇见的一位中层经理人。她认为我说的工作与生活平衡以及培养成功人际关系，对她是严重的冒犯。当我在研讨会后试着安抚她时，她告诉我，公司就是她的生活，而且她对公司以外的事务完全没有兴趣。她觉得，我提到的“工作与生活平衡的蠢故事”（参见本章末）是非常不恰当的，因为“你有什么资格把自己的生活方式强加在我们身上”。因此，与其完全奉献，我劝你还是追求均衡生活。

均衡生活、克服压力的方法

生活步调太快，这点早已不是秘密。我们之中的多数人都奉献太过，负担过重，资讯太多。换句话说，多数人只是压力太大。以下是8件你可以从今天开始做的事，让你做到生活平衡，更有效地处理压力。

1. 掌控状况

压力是个奇怪的东西。某些人的压力，却可能是其他人的动力。然而，研究却说得更清楚：当我们觉得自己无法掌控状况时，压力也随之而来。至于你的感觉，则是你对掌控情况的感受——相对于现实而言。换句话说，直到你告诉自己有压力之前，你都不会这么觉得。要避免让自己觉得失去掌控，你应该要精通个人的内部与外部语言。利用一些可以赋予自己的力量，而非带给自己压力的语言。举例来说，与其说“我得做”，你应该说“我想做”。当你得做某件事时，你成了一个牺牲者。与其说“我得去上班了”，你不如说“我想去上班了”。只有一件事是你非得做的，那就是死亡。其他每件事都有选择的余地。有些人不同意这样的论点，他们会说，你也得缴税。不，你其实不必。我总喜欢说，是我想要缴税，因为这是“两害相较，取其轻”；我宁可乖乖缴税，也不要坐牢。想想：你缴的税愈多，代表你赚的钱愈多。所以请不要放弃自己的选择。

2. 精通历史上最强大的压力控制系统

改变你可以改变的

如果某件事一直困扰着你，请采取行动。举例来说，如果你觉得不胜负荷，把这些压得你喘不过气来的事情列出来，而且要尽量写明确一些。把清单上的事项排出优先顺序，之后开始从最重要的事情做起。光是去做“某件事”，就能够带给你一定的控制感。

接受你不能改变的

还有很多事情是你使不上力的，不管你有多担心或不安。以下是一些我想到的：天气、其他人的行为、你的肤色、你的父母、你成长的地方——其中最甚者，你的过去。接受现状，继续走下去。

让自己远离那些不能接受的

举例来说，如果你替某个“毒瘤”组织工作，赶快替自己找个新工作，并且留意自己平常跟谁在一起。请记住：近朱者赤，近墨者黑。请尽量与正面思考的人在一起——那些觉得自己能掌控生活的人。

3. 每个星期与生命中最重要的人约会一次

“神力女超人”是我挚爱的老婆玛希拉，她陪在我身旁 30 余年，我们每个星期都会约会一次，那是我们宠爱对方的时刻。通常伴之以热水澡、私人时间和浪漫时光。从我们结婚以来，我们便一直履行这个约定。我猜这是我们现在比刚结婚时更恩爱的原因。我强烈建议你也在记事本上预留这么一段私人时间，用最认真的态度对待这个约会。毕竟，惟一一个能有机会分享你生活的人，就是你的配偶，别让机会白白溜走。

4. 简约生活

看看你所做、所拥有的一切事物。问自己，什么会替你带来快乐，什么又会替你带来痛苦。之后开始摆脱那些会让你的生活质量下降的事物。举例来说，你真的需要 8 张信用卡吗？或者如果你动个“剪卡”仪式会好一些？你喜欢清理自己的庭院，或是整理自己的房子吗？如果不喜欢，雇个人来做就是了。在你买任何新东西前，问问自己：“这东西会让我的生活更简单，还是更复杂？”之后据此行动。举例来说，买栋度假别墅会让你的生活质量改善，或是只会增加你的工作量，让你感受到压力？在你想度假时再去租栋别墅，会不会比较便宜，更能享受快乐时光？

5. 制造独处时刻

除非有绝对的必要，否则不要把家里电话留给事业伙伴或客户。当你去度假时，把呼机、手机、PDA、笔记本电脑全都留在家里。如果你一定得在休假时办公，一天拨一次电话回公司，并且告诉同事，除非真有紧急事件，否则不要和你联系。在工作时，试着关上办公室的门，把电话转入语音信箱，并且每天花20分钟思考。或者做我所做的事，中午吃得清淡点，吃少一点，然后把剩下来的时间用来散步。

6. 运动——你的生活之所系

有氧运动是个绝佳的减压剂，此外，还可以延年益寿。研究显示，每做1小时的有氧运动，就能让生命延长2个小时。这个投资报酬率还不错呢，不是吗？让这个策略奏效的关键在于，找到某件你喜欢做，并且也能在余生中做的事。对我而言，那就是每天慢跑3英里。我老婆的背有问题，所以她改用滑雪或脚踏车机代之。还有些时候，我们会做阻力训练。如果可能的话，尽量避免在晚上运动。运动可以增加你的新陈代谢，让你精力十足，头脑清醒，所以尽可能在早上运动。

7. 睡得安稳

研究告诉我们，多数人都睡眠不足，平均每个人的睡眠时间少于7小时。但若要达到巅峰表现，你的身体需要8个小时的睡眠。持续睡不满8小时会让你的精力降低，发生更多意外，带来更多压力。根据底特律亨利·福特医院睡眠失调研究中心（Henry Ford Hospital of Sleep Disorders and Research Center）主任提摩西·洛尔斯（Timothy Rohers）的说法，要让自己睡得更好，你可以采取以下4个策略：

- 保持固定的睡眠时间。要睡得好，请每天都遵照相同的时间作息。尽管这是个很好的建议，但“神力女超人”和我在周日时总会放纵自己一下。为何不呢？某些研究证据显示，我们可以“储存”某些睡眠。
- 休息时刻。在睡觉前，请空出一段休息时刻。对我们来说，电视是最棒的方式。尽管我不是个电视迷，但是我强力倡导以它作为入睡的工具。当我在家里时，我们通常会读书到9点。我们会预录新闻和最喜欢的节目——这样可以跳过广告时段——之后一路看到11点再去睡觉。
- 尽早吃饭。避免吃宵夜。事实上，你的晚餐应该尽早吃。这不仅有助于你控制体重，还能让你在晚上睡得更好。晚上避免饮用含有咖啡因和酒精的饮料。
- 别和睡眠对抗。如果你发现自己睡不着，不要硬着睡。起床，喝杯热牛奶（没错，这招通常有效），看看无聊的电视节目，或是读一些能让你平静的书（我都是在这个时候读完所有专业期刊）。

8. 花时间找乐子

每周预留一些时间，单纯地做些让你开心、放松，让心情平静的事。对我来说，那就是接近大自然、健行、整理花园，或是修整草皮。对你来说，或许是看看朋友、按摩、思考，或是和爱人去看电影。不管你做什么，都要确定自己替生活找乐子。

最后，作为结尾，我想告诉你一个把均衡生活当成重心的故事。

让生活均衡一下——警钟

你会不会太受激励，太专注，太有动力？我知道，从一个巡回世界演讲，有多篇著作关于动机、专注与成就文章的人口里说出这句话，会让你大感意外。接下来我要跟你分享的这个故事，隐藏着一个我从来没在其他著作中与别人分享的动机。我之前之所以没写出来，是因为我大概还没处在最佳的均衡生活状态。或许因为我在 1960 年来到美国时，身无长物，还只有 8 年级的教育程度。那时我总是野心勃勃、一心追求物质生活。拥有名声、财富和“身外之物”，对我来说再重要不过，直到 1997 年的那一天。

“神力女超人”（我老婆）和我正在要去法国巴黎的路上。我们两个人都兴奋得不得了；她是因为要去我们最喜欢的城市巴黎，我则是因为自己有荣幸能与来自 19 个不同国家的经理人用他们的语言问好。整个旅程平淡无奇，直到飞抵法国上空后，我们发现飞机一直在盘旋。大约 20 分钟后，机长冷静地告诉我们，起落架的灯没有亮，而他和副驾驶试着找出毛病在哪里。大约 30 分钟后，机长告诉我们，指示灯没有问题，因此这表示起落架不是没有放下，就是没有固定。他继续说道：“我们现在要飞近塔台，让他们目视检查状况。”在飞过塔台 2 次后，机长告诉我们，起落架看起来是已经放下了，所以问题出在架子没有固定。在长长的一段停顿之后，机长又用麦克风广播：“各位女士先生，现在空中小姐会告诉各位紧急降落的指示，我知道你们之前听过很多次，但是这一次事态不同。我请各位务必仔细注意听，因为这一次是真的，我们要在戴高乐机场紧急迫降。”他也告诉我们，机场已经关闭，各个紧急设备也已经定位。空中小姐冷静专业地指示我们收好尖锐物品，清理走道，把所有物品都放到头上的行李舱。他们也教我们练习紧急迫降姿势——把头放在手臂间，身体往前倾，紧靠着前面的座椅。

2 个多小时后，飞机开始迫降，每个人安静地根据他的指示做出紧急迫降姿势。在这 2 个小时间，我脑海里想的不是我一直以来告诉自己的事：“我希望自己工作再努力点，说更多话，争取更多曝光机会让自己更出名，赚更多钱，买更多身外之物。”我想的是我的人际关系——我和老婆的关系，我能怎么样多爱她一点；我和女儿的关系，她们没了我们要怎么过下去；我和父母的关系，我为什么没有更常说出我对他们的爱；我和朋友的关系，我为什么没有更常说出他们对我的意义；我和团队成员的关系，我为什么没有更常说出自己有多感谢他们的所作所为。

我从这次的经验里学到的教训是，真正重要的，不是金钱，不是名声，不是身外之物，而是关系。当然，作为激励人的讲师，我心里也想着：“要是这次大难不死，你可有精彩故事可说了！”

在机长宣布维持紧急迫降姿势后，他平稳地着陆在两列消防车中间，平稳到我们都不知道自己已经降落。你可以想像，机舱里爆出一阵最热烈的掌声与欢呼！

采取行动

回到最原先的那个问题，你会不会太受激励、太专注、太有动力？是的，太受激励、太专注、太有动力想取得名声、财富与身外之物！但说到打造并建立关系，答案却是否定的。所以，现在就替你生命中的挚爱留些时间出来吧，不论是你的配偶、小孩、父母或是朋友。他们都比你的工作重要得多。他们是你的安全网、你的幕后推手——一群让你达到完美表现的人。少了他们，就没有今天的你。所以，现在就拿起电话，告诉那些没和你住在一起的人，你有多爱、多感谢他们。今天晚上回家，一定要抱抱你的配偶与小孩。给他们无条件的爱，告诉他们作为他们的配偶和父母，你有多骄傲，之后给他们一个大大的拥抱与亲吻。别等到明天，今天晚上回家就做。

现在，把另外一段时间拿来打造与团队成员之间的关系。毕竟，你的成功有85%都操控在他们的手上。你之前的关系营造得如何？别像某位我指导过的首席执行官一样，一味地自欺欺人，请严以律己。拿出记事本，看看最近的5个工作天，你花多少时间在培养团队感情上？我指的不是你花多少时间告诉他们要做什么。我指的是，你花多少时间和他们谈话，而不是对他们讲话。和他们聊聊个人关心的事情，聊聊配偶，聊聊孩子，聊聊年迈的父母，及他们面对的种种挑战？当他们遇上个人挑战，像是小孩生病，父母老去或是家人逝世时，请用热情、协助与时间支持他们。这里有个你可以加以利用的现实是：当“事态不佳”时，你的团队成员可能不会为了组织赴汤蹈火，但是他们可能会为了你而两肋插刀。你最近对他们又是如何？

请确定要让自己有个均衡的生活，别忘了在日历上留下空档，让你有精力、有时间专注在生命中真正重要的事情上——你的人际关系。

☺ 博君一笑

老鼠赛跑的故事解释了一切：在某个晴朗的午后，一艘渔船停进希腊的小镇渔港里。一位美国游客称赞那位希腊渔夫的捕获量，问说花了多少时间捕这些鱼。

“几个小时。”渔夫说。

“那你为什么不待久一点，捕多一点？”美国人问。

渔夫解释，这点鱼已经足够喂饱他一家人了。

美国人问：“那么你接下来要做什么？”

“我睡到很晚，捕一点鱼，和小孩玩，再和老婆睡个午觉，晚上去村里和朋友见面，喝点小酒，唱几首歌，生活很充实啊！”

美国人打断他说：“我有华盛顿商学院的学位，我能帮你更成功。你每天应该要早点开始捕鱼，而且要工作久一点。这样你才能把剩下的鱼卖给经销商。有了额外的收入，你可以买大一点的船，捕更多鱼。等到卖第二批鱼的收入进账后，你可以买第二艘船、第三艘船，直到你拥有一个的船队。到时候，你可以直接和加工厂接洽，甚至可能开设自己的加工厂。之后你可以离开这个村子，搬到雅典去，或甚至是旧金山！你可以从那里遥控整个企业。”

“这要多久？”渔夫问

“大概15~20年。”美国人回答。

“然后呢？”

“然后？然后就有趣啦！”美国人笑着回答说：“当你的事业做大后，你可以扩充到全球规模。到时候你可以上市，卖股票，赚进百万美金，甚至是亿万美金。”

“百万或亿万？那之后呢？”渔夫问。

“到时候你就可以退休，住在海边的小村落里，睡到很晚，和小孩玩，再和老婆睡个午觉，晚上去村里和朋友见面，喝点小酒，唱几首歌！”

在这本书的最后，我要说声再见了！并鼓励你成为有节制的领导，同时过均衡且无压力的生活！

管理小措施

- 我想你也觉得这一章的管理小措施已经够多，够你的下半辈子忙了。万一你还需要更多协助，请拷贝本书最后的领导地图，只要你采取行动，保证能改善你的领导效率！

领导地图

领导是趟旅行，不是目的地。

进行这趟旅行，我在此宣示要：

- 让工作有乐趣。
- 保持生活的均衡。
- 多听一些、少说些。
- 永远要做正确的事情。
- 创造欲望而非制造恐惧。
- 努力赢得尊敬，而非喜爱。
- 鼓励从不同的角度看待事情。
- 实现我们的任务、愿景和核心价值。
- 实行感激式领导，而非批评式领导。
- 表现出非凡的乐观与勇气。
- 尊重并预留空间给健康和时间。
- 帮助其他人超过自我想像。
- 让身旁充满比自己聪明的人。
- 每天的努力都是为了实现超大综合目标。
- 观察别人的做事方式，并且有胆子尝试不同的事情。
- 专注在员工与客户满意度上，而非企业营业收入上。

- 对待所有团队成员，就好像他们是世上最重要的人。
- 投资在团队成员身上，让他们发挥所长。
- 爱人们现在的样子，而不是他们应该成为的样子。
- 永远信任所有人，除非他们证明我错了。
- 向团队成员传授比他们想知道的还要多的信息。
- 让团队成员打造自己的优势。
- 尽可能地将权力下放。
- 专注放在长远目标而非紧急事件。
- 用心说话，而非用脑说话。
- 找到别人几乎把事情做对的例子。
- 超越客户的期待。
- 谦虚、仁慈、宽厚。
- 多问些，少签些。
- 培养关系。
- 善于为成绩庆贺。

请记住：85%的成功，决定在团队成员手上！所以现在就开始对他们好一点！

书系代码	书 名	作 者	定 价
经营管理			
BM001	《并购成长》(Digital Deals)	Geis	29. 80
BM002	《绩效！绩效！》(企业培训版)(Coaching for Improved Performance)	Fournie	39. 80
BM003	《质量无泪》(Quality Without Tears)	Crosby	39. 80
BM004	《海阔天空——我在 DELL 的岁月》	方国健	20. 00
BM005	《心时代——一个情感化的世界及其经济图景》	曹世潮	20. 00
BM006	《情境领导者》(The Situational Leader)	保罗·赫塞	18. 00
BM007	《EMBA 销售管理》(Sales Management)	Calvin	45. 00
BM008	《EMBA 财务管理》(Finance and Accounting for Non-financing Managers)	Weston	49. 80
BM009	《EMBA 兼并与收购》(Mergers and Acquisitions)	Weston	38. 00
BM010	《EMBA 公司战略》(Corporate Strategy)	Colley	39. 80
BM011	《EMBA 创业管理》(Entrepreneurial Management)	Calvin	49. 80
BM012	《EMBA 领导艺术》(Managerial Leadership)	Topping	35. 00
BM013	《EMBA 战略营销管理》(Strategic Marketing Management)	Parry	42. 00
BM014	《EMBA 公司治理》(Corporate Governance)	Colley 等	49. 80
BM015	《六西格玛是什么》(What is Six Sigma)	Pande	15. 00
BM016	《六西格玛基础教材》(The Six Sigma Basic Training Kit)	Juran	80. 00
BM017	《六西格玛团队实战手册》(The Six Sigma Way Team Fieldbook)	Pande, Neuman, Cavanagh	49. 80
BM018	《六西格玛团队怎么做》(Six Sigma Team Pocket Guide)	Federico	16. 00
BM019	《杰克·韦尔奇领导艺术词典》(Jack Welch Lexicon of Leadership)	Krames	32. 00
BM020	《杰克·韦尔奇的 29 个领导秘诀》(29 Leadership Secrets from Jack Welch)	Slater	29. 80
BM021	《通用电气"群策群力"》(GE Work – Out)	Ulrich, Kerr, Ashkenas	39. 80
BM022	《顶峰——如何成为最赚钱的咨询顾问》(Million Dollar Consulting)	Weiss	48. 00
BM023	《战略计划实务》(Applied Strategic Planning)	Goodstein 等	48. 00
BM024	《平衡计分卡实用指南》(Balanced Scorecard)	Paul Niven	49. 80
BM025	《战略物流管理》(Strategic Logistic Management)	Stock	80. 00

书系代码	书　　名	作　者	定 价
BM026	《整合——企业并购成功之道》(M&A Integration)	Schweiger	39.80
BM027	《战略领导》(The Art and Discipline of Strategic Leadership)	Freedman	32.00
BM028	《经理薪酬完全手册》(The Complete Guide to Executive Compensation)	Bruce R. Ellig	65.00
BM029	《突破困境的领导艺术》(Leadership When the Heat's On)	Cox, Hoover	39.80
BM030	《朱兰自传》(Architect of Quality)	Juran	50.00
BM031	《卓越领导》(The Extraordinary Leader)	Zenger 等	39.80
BM032	《精益六西格玛案例》(Learning into Six Sigma)	Wheat 等	18.00
BM033	《领袖魅力》(Executive Charisma)	Benton	39.80
BM034	《西南航空案例》(The Southwest Airlines Way)	Gittell	49.80
BM035	《危机领导》(Leader Shock)	Hicks	29.80
BM036	《应变》(Agile Business for Fragile Times)	麦卡锡　等	35.00
BM037	《绩效导向的领导力》(Results-Based Leadership)	Ulrich　等	49.80
BM038	《企业沟通的威力》(The Power of Corporate Communication)	Argenti　等	39.80
BM039	《贯彻执行　现在就做》(Why Can't We Get Anything Done Around Here?)	李夫顿　等	20.00
BM040	《高效能团队领导智慧》(Leadership Lessons of The Navy Seals)	坎农　等	39.80
BM041	《竞争性销售》(Hope is not a Strategy)	佩吉	39.80
BM042	《丰田汽车案例》(The Toyota Way)	莱克	49.80
BM043	《风险管理》(Risk Management)	科罗赫　等	80.00
BM044	《团队工作》(The Work of Teams)	卡岑巴赫	39.80
BM045	《通用电气案例》(GE Work-out)	Ulrich　等	49.80
BM046	《质量无泪》(修订版)	Crosby	39.80
经济学			
E-001	《中国经济》(Chinese Economy)	蔡昉　林毅夫	39.80
E-002	《宏观经济学》(Macroeconomics)	Dornbusch	60.00
E-003	《经济学》(Economics)	McConnell, Brue	79.00
E-004	《微观经济学》(Microeconomics and Behavior)	Frank	65.00
E-005	《环境经济学》(Introduction to Environmental Economics)	Field 等	
管理学			
MT001	《战略物流管理》(Strategic Logistic Management)	Stock	80.00
MT002	《物流战略咨询》(Supply Chain Strategy)	Frazelle	49.80
MT003	《组织人员配置》(Staffing Organization)	Heneman, Judge	
MT004	《战略管理》(Strategic Management)	Dess 等	40.00

书系代码	书　　名	作　者	定　价
MT005	《数据模型与决策:运用电子表格建模与案例研究》(第1版)(Introduction to Management Science)	Hillier 等	75.00
MT006	《数据模型与决策:运用电子表格建模与案例研究》(第2版)(Introduction to Management Science)	Hillier 等	75.00
MT007	《电子商务导论》(Introduction to E-Commerce)	雷波特　等	58.00
MT008	《供应链设计与管理》(Designing and Managing The Supply Chain)	辛奇—利维　等	40.00
MT09	《管理学基础》(Management)	克尼基　等	48.00
MT010	《定价》(Pricing)	门罗	65.00
MT011	《精通战略》(Mastering Strategy)	雷格斯比　等	
MT012	《战略采购管理》(Harnessing Value in the Supply Chain)	班菲尔德	39.80
MT013	《逆向管理》(Don't Oil the Squeaky Wheel)	Rinke	39.80
营销管理			
MM001	《定位》(Positioning)	Ries & Trout	39.80
MM002	《营销战》(修订版)(Marketing Warfare)	Ries & Trout	39.80
MM003	《营销革命》(Bottom-up Marketing)	Ries & Trout	39.80
MM004	《新定位》(The New Positioning)	Trout	39.80
MM005	《颠覆广告》(Disruption)	让—马贺·杜瑞	40.00
MM006	《创意的竞赛》(Which Ad Pulled Best?)	Purvis	39.80
MM007	《广告文案名人堂》(The Art of Writing Advertising)	Higgins	29.80
MM008	《产品经理的第一本书》(The Product Manager's Handbook)	Gorchels	39.80
MM009	《全球整合营销传播》(Communicating Globally)	舒尔茨	39.80
MM010	《整合营销传播:利用广告和促销建树品牌》(IMC: Using Advertising and Promotion to Build Brands)	Duncan	298.00
MM011	《市场战略》(The Market Makers)	Spulber	48.00
MM012	《全球营销》(Global Marketing)	乔尼·约翰逊	60.00
MM013	《网络营销》(Internet Marketing)	默罕默德　等	65.00
MM014	《产品经理的第二本书》(The Product Manager's Field Guide)	Linda Gorchels	39.80
MM015	《营销学基础》(Essentials of Marketing)	佩罗特　麦卡锡	60.00
MM016	《文案发烧》("Hey, Whipple, Squeeze This. ":A Guide to Creating Great Ads)	苏立文	39.80
MM017	《小鱼吃大鱼》(Eating the Big Fish)	摩根	45.00
MM018	《什么是战略》(Trout On Strategy)	特劳特	29.80
MM019	《整合营销传播:创造企业价值的五大关键步骤》(IMC: the Next Generation)	唐·舒尔茨　等	39.80
MM020	《促销管理的第一本书》	Schultz	39.80

书系代码	书　　名	作　　者	定 价
销售管理			
SM001	《成功销售管理的 7 大秘诀》(7 Secrets to Successful Sales Management)	Wilner	39. 80
SM002	《电话行销,轻松成交》	姚能笔	39. 80
SM003	《摸透顾客心》(Ten Demandments)	Mooney Bergheim	39. 80
SM004	《练就铁齿铜牙》(Secrets of Power Persuasion for Salespeople)	Dawson	39. 80
SM005	《轻松收款》(Collections Made Easy)	卡罗尔	39. 80
SM006	《打倒墨菲定律　挽救我的销售》(Beating the Deal Killers)	Giglio	39. 80
SM007	《增加销售的 12 种核心技术》(Beyond E)	Diorio	39. 80
SM008	《销售管理》(Sales Force Management)	Johnston 等	49. 00
SM009	《汽车销售的第一本书》	孙路弘	39. 80
SM010	《终极销售力》(Ultimate Selling Power)	莫伊,洛伊德	39. 80
SM011	《顶尖销售的 25 堂课》(Secrets of Top Performing Salespeople)	乔诺　等	29. 80
SM012	《引爆销售的 10 大黄金法则》	Desena	39. 80
SM013	《再造销售奇迹》	Eades	39. 80
SM014	《攻心式销售》	Bosworth	32. 00
职场发展			
CD001	《外企面试宝典》(More Best Answers to the 201 Most Frequently Asked Interview Questions)	DeLuca	25. 00
CD002	《人才心理测评》(Psychological Testing at Work)	Hoffman	25. 00
CD003	《演讲的艺术》(Strictly Speaking)	Buckley	29. 80
CD004	《五大会计师行》	周年洋　等	24. 80
CD005	《职业经理自修手册》(The Manager's Self-development Guide)	Pedler	35. 00
CD006	《关键对话》(Crucial Conversations)	Patterson 等	29. 80
CD007	《静思录》(Finding Your Strength in Difficult Times)	David Viscott	19. 80
CD008	《商务英语书信写作精益求精篇》	康宁汉　等	29. 80
CD009	《商务人士日常书信写作》(Great Personal Letters for Busy People)	布赫	48. 00
CD010	《销售信函》(Sales Letters Ready to Go)	贝塞尔　等	32. 00
投资理财			
IF001	《投资艺术》(Winning the Loser's Game)	Ellis	19. 80
IF002	《向格雷厄姆学思考,向巴菲特学投资》(How to Think Like Benjamin Graham and Invest Like Warren Buffett)	Cunningham	39. 80

书系代码	书　　名	作　者	定 价
IF003	《巴菲特怎样选择成长股》(How to Pick Stocks Like Warren Buffett)	Vick	29.80
IF004	《最后的合伙人》(The Last Partnership)	Geisst	29.80
IF005	《财务报表分析与证券定价》(Financial Statement Analysis and Security Valuation)	Penman	98.00
IF006	《技术分析》(Technical Analysis Explained)	Pring	80.00
IF007	《技术分析 A－Z》(Technical Analysis from A to Z)	Achelis	55.00
IF008	《股票价值评估》(Valuing a Stock)	Gray 等	39.80
IF009	《蜡烛图精解》(Candlestick Charting Explained)	Morris	39.80
IF010	《技术分析习题集》(Study Guide for Technical Analysis Explained)	Pring	25.00
IF011	《股票市场的时机选择》(Timing the Stock Market)	亚历山大	48.00
IF012	《最佳卖出点》(It's when You Sell that Counts)	卡西迪	39.80
IF013	《股市名言》(Buy the Rumor, Sell the Fact)	麦洛	29.80
IF014	《向格雷厄姆学思考,向巴菲特学投资》(修订版)	Cunningham	39.80

(具体数据以出书为准)

销售服务：010－88191017，88191063(FAX)
E-mail：webmaster@ewinbook.com
邮购地址：北京市阜成路甲28号新知大厦
中国财政经济出版社邮购部
邮购费用：书价加15%
电　　话：010－88190406　88190488
邮　　编：100036

图书订购单

（可复印使用）

第一步：请您填写以下资料：

公司名称：　　收书人：

发货（邮寄）地址：　　邮编：

联系电话：　　E-mail：

第二步：请您填写您所选购的图书及册数资料：

图书名称（请注明版次）	数　量	单价（RMB）	合计（RMB）
合　　计			

第三步：请您到邮局将款项汇至以下地址：

收 款 人：中国财政经济出版社邮购部

地　　址：北京市海淀区阜成路甲28号新知大厦

邮　　编：100036

电　　话：010－88190406　88190488

传　　真：010－88190414

邮购费用：书价加15％的邮费

第四步：请确认您是否需要增值税票，如果需要请在传真中注明您的增值税信息：

☐ 开具增值税发票　　☐ 开具普通发票

第五步：如果您想了解其他详细情况，请垂询销售热线：

TEL：010－8819 1017

第六步：请您在以下空白处签字确认：

客户：

日期：

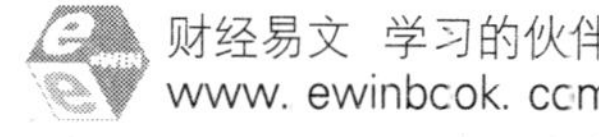